佛菩薩經典系列⑤

觀音菩薩經典

佛菩薩經典的出版因緣

佛菩薩經典的出版，帶給我們許多的法喜與希望。因為透過這些經典的導引，將使我們了悟佛菩薩的偉大聖德，不只能讓我們得到諸佛菩薩的慈光佑護，更能令我們吉祥願滿。最重要的是使吾等能隨學於彼，以他們作為生命的典範，學習他們偉大的生涯，成就佛智圓滿。

佛菩薩經典的集成，是秉持對諸佛菩薩的無上仰敬，祈望將他們的慈悲、智慧、聖德、本生及修證生活，完滿的呈現在真正修行的佛子之前。使皈依於他們的人，能夠擁有一本隨身指導修行的經典匯集，能時時親炙於他們的法身智慧；讓大家就宛如隨時擁有一座諸佛菩薩專屬的教化殿堂，完成「生活即佛經、佛經即生活」的希望。現在，我們將這一個成果，供養給這些偉大的佛菩薩，也將之呈獻給所有熱愛佛典的大眾。

為了讓大家能迅速的掌握經典的義理，此套佛典全部採用新式分段、標點，使讀者能事半功倍的總持佛心妙智；並在珍貴的生命旅程中，迅速掌握到幸福與光明的根源。

我們希望這一套書，能使大家很快地親見諸佛菩薩的真實面貌，將他們成為我們人生中最親切的導師。在歡樂幸福的時候，激勵大家不要放逸，精進修行，在憂鬱煩惱的時候，使大家獲得安寧喜悅；更重要的是幫助我們解脫自在，得到清淨的智慧光明。而我們更應當學習諸佛菩薩的大悲願力，成為無盡的燈明，並依止他們的威神加持，用慈悲與智慧來幫助一切眾生。

學習諸佛菩薩，使我們成為他們的使者；這個心願，是我們一直想推行的運動。或許有人會質疑：自己有什麼樣的資格，來成為佛菩薩的使者，甚至化身呢？但是，大乘佛法的根本，即是要我們發起菩提心，學習諸佛菩薩救度眾生的妙行。因此，菩薩的發心，首先是依止「眾生無邊誓願度，煩惱無盡誓願斷，法門無量誓願學，佛道無上誓願成」等共同的誓願，然後再依個別的因緣，發起不共的大願；這本來就是最根本的行持而已。而且這樣的發心，是任何人都可以也應該發起的，絕沒有條件與境界的限制。

所以，我們學習諸佛菩薩，當然初始時，根本無法如他們擁有廣大的慈悲、智慧。但是，我們可以學習成為他們的使者，成為他們百分之一、千分之一、萬分之一，乃至億萬分之一的化身；這樣還是可以立即發心，開始修習菩薩行的。只有當下立即發心開始修習，才是真正的開始啊！這是不需要任何預備動作的；開始時請立即開始，我們現在就成為無數分之一的佛菩薩，讓我們在這個充滿強而有力的科技文明，卻又十分混亂的世界中，幫助大家，也幫助自己吧！

這次佛菩薩經集編輯成十本，首先選擇與大家因緣深厚的佛菩薩，讓我們歡喜親近、體悟修習。這十本是：

一、阿彌陀佛經典

二、藥師佛・阿閦佛經典

三、普賢菩薩經典

四、文殊菩薩經典
五、觀音菩薩經典
六、地藏菩薩經典
七、彌勒菩薩・常啼菩薩經典
八、維摩詰菩薩經典
九、虛空藏菩薩經典
十、無盡意菩薩・無所有菩薩經典

我們希望透過這些經典的導引，能讓我們體悟諸佛菩薩的智慧悲心，也讓我們向彼等學習，使我們成為與阿彌陀佛、藥師佛、阿閦佛、觀音菩薩、文殊菩薩、普賢菩薩、地藏菩薩等同見同行的人。隨著自己的本願發心，抉擇一位佛菩薩學習，然後不斷增長，到最後迅速與諸佛菩薩完全相應，成為他們圓滿的化身，同一無二，成就佛智菩提，並使所有的眾生圓滿成佛。

凡例

一、關於本系列經典的選取，以能彰顯該佛或菩薩之教化精神為主，以及包含各同經異譯本，期使讀者能迅速了解諸佛菩薩之教法。

二、本系列經典選取之經文，以卷為單位；若是選取的經文為某卷中的一部分時，本系列經典仍保留卷題與譯者名，而所節略之經文處，則以「㊕」表之。

三、本系列經典係以日本《大正新修大藏經》（以下簡稱《大正藏》）為底本，而以宋版《磧砂大藏經》（新文豐出版社所出版的影印本，以下簡稱《磧砂藏》）為校勘本，並輔以明版《嘉興正續大藏經》與《大正藏》本身所作之校勘，作為本系列經典之校勘依據。

四、《大正藏》有字誤或文意不順者，本系列經典校勘後，以下列符號表示之：

㈠改正單字者，在改正字的右上方，以「*」符號表示之。如《藥師琉璃光七佛本願功德經》卷上的經名：

藥師琉「瑠」光七佛本願功德經卷上《大正藏》

藥師琉「璃」光七佛本願功德經卷上《磧砂藏》

校勘改作為：

藥師琉*璃光七佛本願功德經卷上

(二)改正二字以上者，在改正之最初字的右上方，以「*」符號表示之；並在改正之最末字的右下方，以「☆」符號表示之。

如《阿閦佛國經》卷上〈阿閦佛剎善快品〉之中：

其地行足蹈其上即「滅這」，舉足便還復如故《大正藏》

其地行足蹈其上即「陷適」，舉足便還復如故《磧砂藏》

校勘改作為：

其地行足蹈其上即*陷適☆，舉足便還復如故

五、《大正藏》中有增衍者，本系列經典校勘刪除後，以「①」符號表示之；其

中圓圈內之數目，代表刪除之字數。

如《大寶積經》卷二十〈往生因緣品〉之中：

於「彼彼佛剎」隨樂受生《大正藏》

於「彼佛剎」隨樂受生《磧砂藏》

校勘改作為：

於彼①佛剎隨樂受生

六、《大正藏》中有脫落者，本系列經典校勘後，以下列符號表示之：

(一)脫落補入單字者，在補入字的右上方，以「⊙」符號表示之。

如《佛說無量清淨平等覺經》卷二之中：

如帝王雖於人中「好無比」，當令在遮迦越王邊住者《大正藏》

如帝王雖於人中「獲好無比」，當令在遮迦越王邊住者《磧砂藏》

校勘改作為：

如帝王雖於人中⊙獲好無比，當令在遮迦越王邊住者

(二)脫落補入二字以上者，在補入之最初字的右上方，以「⊙」符號表示之；並在補入之最末字的右下方，以「☆」符號表示之。

如《佛說無量壽經》卷上之中：

乃至三千大千世界「衆生緣覺」，於百千劫悉共計挍《大正藏》

乃至三千大千世界「衆生悉成緣覺」，於百千劫悉共計挍《磧砂藏》

校勘改作為：

乃至三千大千世界衆生⊙悉成☆緣覺，於百千劫悉共計挍

(三)有脫落字而無校勘者，以「□」符號表示之。

如《藥師如來念誦儀軌》之中：

令　又令須蓮臺《大正藏》

《磧砂藏》無此經，而《大正藏》之校勘中，除原藏本外，並無他本藏經之校勘；故為標示清楚，特作為：

令□又令須蓮臺

七、本系列經典依校勘之原則，而無法以前面之各種校勘符號表示清楚者，則以「㊟」表示之，並在經文之後作說明。

八、《大正藏》中，凡不影響經義之正俗字（如：恆、恒）、通用字（如：蓮「華」、蓮「花」）、譯音字（如：目「犍」連、目「乾」連）等彼此不一者，本系列經典均不作改動或校勘。

九、《大正藏》中，凡現代不慣用的古字，本系列經典則以教育部所頒行的常用字取代之（如：讃→讚），而不再詳以對照表說明。

十、凡《大正藏》經文內本有的小字夾註者，本系列經典均以小字雙行表示之。

十一、凡《大正藏》經文內之咒語，其斷句以空格來表示。若原文上有斷句序號而未空格時，則本系列經典均於序號之下，加空一格；但若作校勘而有增補空格或刪除原文之空格時，則仍以「◎」、「①」符號校勘之。又原文若無序號亦未斷句者，則維持原樣。

十二、本系列經典之經文，採用中明字體，而其中之偈頌、咒語及願文等，皆採用正楷字體。另若有序文或作註釋說明時，則採用仿宋字體。

十三、本系列經典所作之標點、分段及校勘等，以儘量順於經義為原則，來方便讀者之閱讀。

觀音菩薩經典序

觀世音菩薩（梵名Avalokitêśvara），又譯有觀自在、觀世自在、光世音、觀音等名號。在大乘佛教中是顯現大悲，拔除一切有情苦難的偉大菩薩。他尋聲救苦，不稍停息；《法華經》〈普門品〉說：「若有無量百千萬億眾生受諸苦惱，聞是觀世音菩薩，一心稱名，觀世音菩薩即時觀其音聲，皆得解脫。」可見其法門的廣大，與悲願的弘深。

觀世音菩薩早已成究竟覺，佛號「正法明如來」，但是，為了濟度一切眾生，所以倒駕慈航，示現菩薩之身。《千手千眼大悲心陀羅尼經》中說：「觀世音菩薩不可思議威神之力；已於過去無量劫中，已作佛竟，號正法明如來；大悲願力，為欲發起一切菩薩，安樂成熟諸眾生故，現作菩薩。」而釋迦牟尼佛當時在其座下，為苦行弟子，由此亦可見佛法的平等無二。

阿彌陀佛的兩大脇侍為觀世音與大勢至菩薩，他們輔佐阿彌陀佛教化眾生。《悲華經》記載，將來西方極樂世界阿彌陀佛涅槃之後，觀世音菩薩將補佛處，名為「一切光明功德山王如來」；其淨土名為「眾寶」，比起現在的極樂世界，更是莊嚴微妙。觀世音菩薩雖以大悲救度為主要的德行，但是蘊藏於大悲之後，乃是無邊的大智，在《般若心經》中所謂：「觀自在菩薩行深般若波羅蜜多時，照見五蘊皆空，度一切苦厄。」即是最好的表現。

他的另一特色，為普門示現，即眾生有任何的需求，應以那一種身份得度，觀世音菩薩即示現何種身相來救度。觀音菩薩由「普現色身三昧」現起的不可思議變化身，常在十方世界作無邊的救濟，使苦難眾生得到無限的安慰與清涼。這種大慈大悲的精神，使我們在心中嚮往，總希望得到其救助之餘，亦願與其同悲同力，效法偉大的觀世音菩薩，在十方世界救度一切有情。

觀世音菩薩是無限的慈悲心與般若正智圓融無二的具體表現，他無剎不應的示現，也使他成為娑婆世界眾生最為相契的菩薩。俗語說：「家家阿彌陀，戶戶觀世音」，正是這種現象的最佳寫照。

在中國歷史上，觀世音菩薩秉持著尋聲救苦的悲願，不斷的示現救度有情眾生。「眾生被困厄，無量苦逼身；觀音妙智力，解救世間苦。」在今日眾苦煎逼的時代，我們也祈望觀音菩薩，傾下清涼的甘露，再施救濟；亦願吾等具足觀音菩薩的無限悲願威力，作觀音使者，行大悲觀音的救世大行！

觀世音菩薩因於大悲救濟，所以又被稱為救世尊、救世大悲者。又由於他為眾生之依怙而使之不生畏怖，所以又稱為施無畏者。他是大菩薩，其本地相貌自然為勇猛的大丈夫相，這與一般人以為他是女身，是有所不同的。不過，由於他普門示現、隨類現身，自然也可示現女相的。

在習俗上，由於受到《搜神記》及道教徒附會的影響，謂觀世音菩薩為女性，而且是妙莊王的三女妙善公主成道後的示現；這是一種錯誤的傳說。觀音菩薩所顯現的無邊相貌中，女身只不過為其一種，比如中國隋唐時代及日本的觀音相，就多蓄有鬍鬚；但由於觀音菩薩以慈悲應化，有柔和愛語的母性特質，他的塑像也就有女性表徵了。

觀世音菩薩大悲弘深，代表著其法門的普遍廣大。他以淨瓶楊枝來澆息一切眾生的煩惱火燄，更以施無畏者的勇猛來救濟一切苦迫的眾生，這正是我們這個時代所需要的大悲導師！

為了彰顯觀世音菩薩寓智於悲的偉大功德，也希望深切仰信大悲觀世音菩薩的佛弟子眾，能夠隨學於他，理解、總持觀世音菩薩的教法；所以，我們特別將觀世音菩薩的相關重要經典，編輯成一册，期使所有的修行人，能隨時攜帶這一本經集，做為隨身的修證聖典。讓我們在任何時地都能憶念觀世音菩薩的大慈大悲，使我們在困頓時有所依止，煩惱時能飲下清涼的大悲甘露、般若法語，平順時智慧明利、精進不懈，修持時有觀世音菩薩的悲智光明作導引。使大悲觀世音菩薩的智慧法身，常住我們的心中，並隨時隨地加持我們具足大悲、智慧，並圓滿一切大願。

南無　大悲觀世音菩薩摩訶薩

目錄

般若波羅蜜多心經

般若波羅蜜多心經

唐三藏法師玄奘譯

觀自在菩薩，行深般若波羅蜜多時，照見五蘊皆空，度一切苦厄。

舍利子！色不異空，空不異色，色即是空，空即是色；受、想、行、識，亦復如是。舍利子！是諸法空相，不生不滅，不垢不淨，不增不減。是故空中無色，無受、想、行、識；無眼、耳、鼻、舌、身、意，無色、聲、香、味、觸、法；無眼界，乃至無意識界；無無明，亦無無明盡，乃至無老死，亦無老死盡；無苦、集、滅、道，無智亦無得，以無所得故。菩提薩埵，依般若波羅蜜多故，心無罣礙，無罣礙故，無有恐怖，遠離顛倒夢想，究竟涅槃。三世諸佛，依般若波羅蜜多故，得阿耨多羅三藐三菩提。故知般若波羅蜜多，是大神咒，是大明咒，是無上咒，是無等等咒，能除一切苦，真實不虛。故說般若波羅蜜多咒，即說咒曰：

揭諦揭諦　波羅揭諦　波羅僧揭諦　菩提薩婆訶㊟

般若波羅蜜多心經

㊟此段咒語依磧砂藏改之，又梵文作：Gate gate pāragate pārasaṃgate bodhi svāhā.

妙法蓮華經

觀世音菩薩普門品

妙法蓮華經卷第七

後秦龜茲國三藏法師
鳩摩羅什奉　詔譯　㊖

觀世音菩薩普門品第二十五

爾時，無盡意菩薩即從座起，偏袒右肩，合掌向佛而作是言：「世尊！觀世音菩薩以何因緣名觀世音？」

佛告無盡意菩薩：「善男子！若有無量百千萬億眾生受諸苦惱，聞是觀世音菩薩，一心稱名，觀世音菩薩即時觀其音聲，皆得解脫。若有持是觀世音菩薩名者，設入大火，火不能燒，由是菩薩威神力故。若為大水所漂，稱其名號，即得淺處。若有百千萬億衆生，為求金銀、琉璃、車𤦲、馬瑙、珊瑚、虎珀、真珠等寶，入於大海，假使黑風吹其船舫，飄墮羅剎鬼國，其中若有乃至一人稱觀世音菩薩名者，是諸人等皆得解脫羅剎之難。以是因緣，名觀世音。

「若復有人臨當被害，稱觀世音菩薩名者，彼所執刀杖尋段段壞而得解脫。若三千大千國土滿中夜叉、羅剎，欲來惱人，聞其稱觀世音菩薩名者，是諸惡鬼尚不能以惡眼視之，況復加害！設復有人，若有罪、若無罪，杻械枷鎖檢繫其身，稱觀世音菩薩名者，皆悉斷壞，即得解脫。若三千大千國土滿中怨賊，有一商主將諸商人，齎持重寶經過嶮路，其中一人作是唱言：『諸善男子！勿得恐怖，汝等應當一心稱觀世音菩薩名號，是菩薩能以無畏施於衆生。汝等若稱名者，於此怨賊當得解脫。』衆商人聞，俱發聲言：『南無觀世音菩薩！』稱其名故，即得解脫。

「無盡意！觀世音菩薩摩訶薩威神之力，巍巍如是。若有衆生多於婬欲，常念恭敬觀世音菩薩，便得離欲。若多瞋恚，常念恭敬觀世音菩薩，便得離瞋。若多愚癡，常念恭敬觀世音菩薩，便得離癡。無盡意！觀世音菩薩有如是等大威神力，多所饒益，是故眾生常應心念。若有女人，設欲求男，禮拜供養觀世音菩薩，便生福德智慧之男。設欲求女，便生端正有相之女，宿殖德本，眾人愛敬。無盡意！觀世音菩薩有如是力，若有眾生恭敬禮拜觀世音菩薩，福不唐捐，是故眾生皆應受持觀世音菩薩名號。

「無盡意！若有人受持六十二億恒河沙菩薩名字，復盡形供養飲食、衣服、臥具、醫藥，於汝意云何？是善男子、善女人功德多不？」

無盡意言：「甚多！世尊！」

佛言：「若復有人受持觀世音菩薩名號，乃至一時禮拜供養，是二人福正等無異，於百千萬億劫不可窮盡。無盡意！受持觀世音菩薩名號，得如是無量無邊福德之利。」

無盡意菩薩白佛言：「世尊！觀世音菩薩云何遊此娑婆世界？云何而為眾生說法？方便之力，其事云何？」

佛告無盡意菩薩：「善男子！若有國土眾生應以佛身得度者，觀世音菩薩即現佛身而為說法。應以辟支佛身得度者，即現辟支佛身而為說法。應以聲聞身得度者，即現聲聞身而為說法。應以梵王身得度者，即現梵王身而為說法。應以帝釋身得度者，即現帝釋身而為說法。應以自在天身得度者，即現自在天身而為說法。應以大自在天身得度者，即現大自在天身而為說法。應以天大將軍身得度者，即現天大將軍身而為說法。應以毘沙門身得度者，即現毘沙門身而為說法。應以小王身得度者，即現小王身而為說法。應以長者身得度者，即現長者身而為說法。應以居士身得度者，即現居士身而為說法。應以宰官身得度者，即現宰官身而為說法。應以婆羅門身得度者，即現婆羅門身而為說法。應以比丘、比丘尼、優婆塞、優婆夷身得度者，即現比丘、比丘尼、優婆塞、優婆夷身而為說法。應以長者、居士、宰官、婆羅門、婦女身得度者，即現婦女身而為說法。應以童男、童女身得度者，即現童男、童女身而為說法。應以天、龍、夜叉、乾闥婆、阿修羅、迦樓羅、緊那羅、摩睺羅伽、人非人等身得度者，即皆現之而為說法。應以執金剛身得度者，即現執金剛身而為說法。

「無盡意！是觀世音菩薩成就如是功德，以種種形遊諸國土，度脫衆生，是故汝等應當一心供養觀世音菩薩。是觀世音菩薩摩訶薩於怖畏急難之中，能施無畏，是故此娑婆世界皆號之為施無畏者。」

無盡意菩薩白佛言：「世尊！我今當供養觀世音菩薩。」即解頸衆寶珠瓔珞，價直百千兩金，而以與之，作是言：「仁者！受此法施珍寶瓔珞。」

時，觀世音菩薩不肯受之。無盡意復白觀世音菩薩言：「仁者！愍我等故，受此瓔珞。」

爾時，佛告觀世音菩薩：「當愍此無盡意菩薩，及四衆、天、龍、夜叉、乾闥婆、阿修羅、迦樓羅、緊那羅、摩睺羅伽、人非人等故，受是瓔珞。」

即時，觀世音菩薩愍諸四衆及於天、龍、人非人等，受其瓔珞，分作二分，一分奉釋迦牟尼佛，一分奉多寶佛塔。

「無盡意！觀世音菩薩有如是自在神力，遊於娑婆世界。」

爾時，無盡意菩薩以偈問曰：

世尊妙相具，我今重問彼：佛子何因緣，名為觀世音？
具足妙相尊，偈答無盡意：汝聽觀音行，善應諸方所，
弘誓深如海，歷劫不思議，侍多千億佛，發大清淨願。
我為汝略說，聞名及見身，心念不空過，能滅諸有苦。
假使興害意，推落大火坑，念彼觀音力，火坑變成池。
或漂流巨海，龍魚諸鬼難，念彼觀音力，波浪不能沒。
或在須彌峰，為人所推墮，念彼觀音力，如日虛空住。
或被惡人逐，墮落金剛山，念彼觀音力，不能損一毛。
或值怨賊繞，各執刀加害，念彼觀音力，咸即起慈心。
或遭王難苦，臨刑欲壽終，念彼觀音力，刀尋段段壞。
或囚禁枷鎖，手足被杻械，念彼觀音力，釋然得解脫。
呪詛諸毒藥，所欲害身者，念彼觀音力，還著於本人。

或遇惡羅剎，毒龍諸鬼等，念彼觀音力，時悉不敢害。
若惡獸圍遶，利牙爪可怖，念彼觀音力，疾走無邊方。
蚖蛇及蝮蠍，氣毒煙火燃，念彼觀音力，尋聲自迴去。
雲雷鼓掣電，降雹澍大雨，念彼觀音力，應時得消散。
衆生被困厄，無量苦逼身，觀音妙智力，能救世間苦。
具足神通力，廣修智方便，十方諸國土，無剎不現身。
種種諸惡趣，地獄鬼畜生，生老病死苦，以漸悉令滅。
真觀清淨觀，廣大智慧觀，悲觀及慈觀，常願常瞻仰。
無垢清淨光，慧日破諸闇，能伏災風火，普明照世間。
悲體戒雷震，慈意妙大雲，澍甘露法雨，滅除煩惱焰。
諍訟經官處，怖畏軍陣中，念彼觀音力，衆怨悉退散。
妙音觀世音，梵音海潮音，勝彼世間音，是故須常念。
念念勿生疑，觀世音淨聖，於苦惱死厄，能為作依怙。

具一切功德，　慈眼視衆生，　福聚海無量，　是故應頂禮。

爾時，持地菩薩即從座起，前白佛言：「世尊！若有衆生聞是觀世音菩薩品自在之業，普門示現神通力者，當知是人功德不少。」

佛說是普門品時，衆中八萬四千衆生皆發無等等阿耨多羅三藐三菩提心。㊘

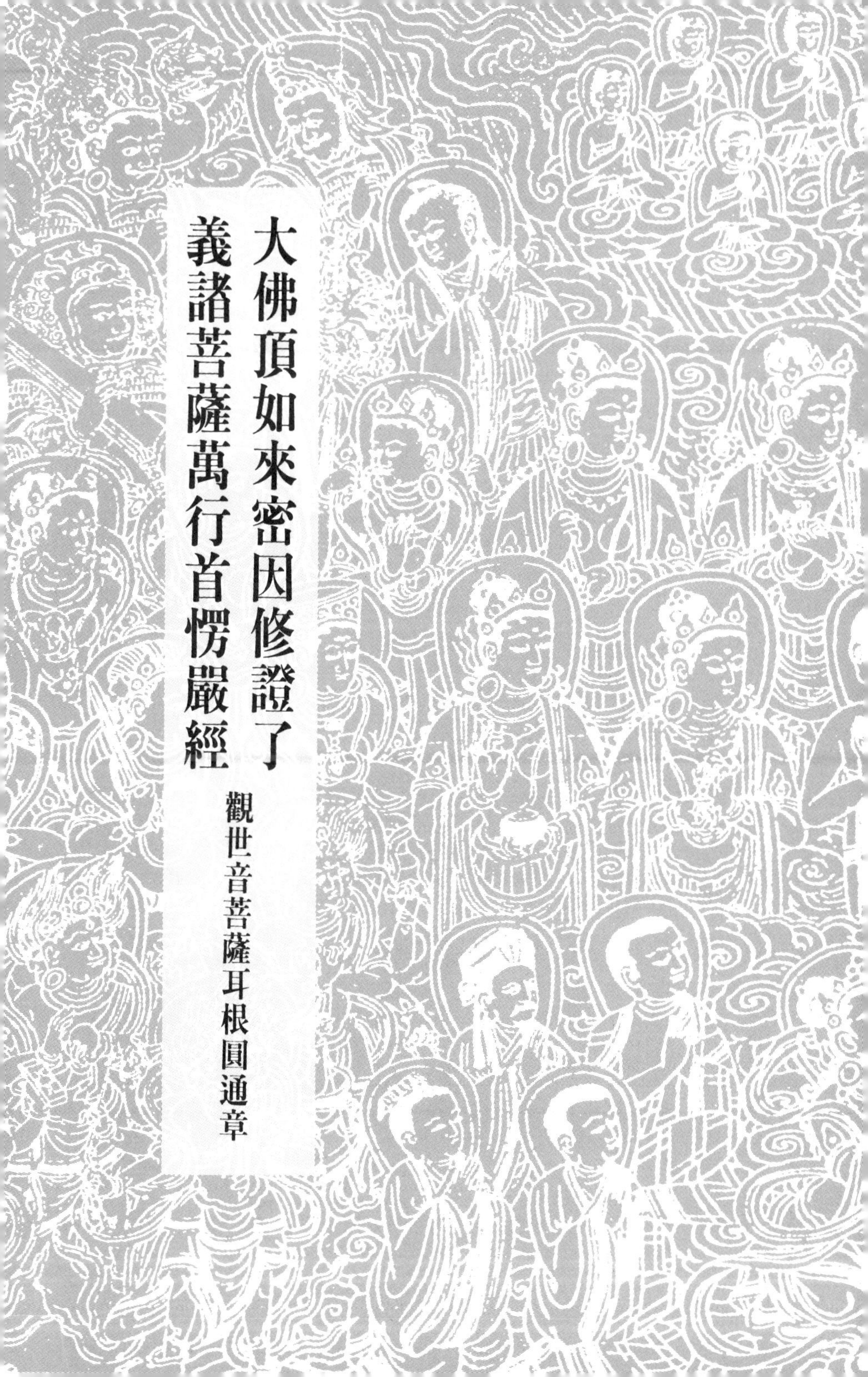

大佛頂如來密因修證了義諸菩薩萬行首愣嚴經

觀世音菩薩耳根圓通章

大佛頂如來密因修證了義諸菩薩萬行首楞嚴經卷第六

一名中印度那蘭陀大道場經於灌頂部錄出別行

唐天竺沙門般剌蜜帝譯

觀世音菩薩耳根圓通章(註)

爾時，觀世音菩薩即從座起，頂禮佛足而白佛言：「世尊！憶念我昔無數恒河沙劫，於時有佛出現於世，名觀世音。我於彼佛發菩提心，彼佛教我從聞、思、修入三摩地。初於聞中，入流亡所，所入既寂，動靜二相了然不生。如是漸增，聞所聞盡；盡聞不住，覺所覺空；空覺極圓，空所空滅；生滅既滅，寂滅現前。忽然超越世出世間，十方圓明，獲二殊勝。一者、上合十方諸佛本妙覺心，與佛如來同一慈力；二者、下合十方一切六道眾生，與諸眾生同一悲仰。

「世尊！由我供養觀音如來，蒙彼如來授我如幻聞薰聞修金剛三昧。與佛如來同慈力故，令我身成三十二應，入諸國土。世尊！若諸菩薩入三摩地，進修無漏，勝解現圓，我現佛身而為說法，令其解脫。若諸有學，寂靜妙明，勝妙現圓，我於彼前，現獨覺身而為說法，令其解脫。若諸有學，斷十二緣，緣斷勝性，勝妙現圓，我於彼前，現緣覺身而為說法，令其解脫。若諸有學，得四諦空，修道入滅，勝性現圓，我於彼前，現聲聞身而為說法，令其解脫。

「若諸眾生，欲心明悟，不犯欲塵，欲身清淨，我於彼前，現梵王身而為說法，令其解脫。若諸眾生，欲為天主，統領諸天，我於彼前，現帝釋身而為說法，令其成就。若諸眾生，欲身自在，遊行十方，我於彼前，現自在天身而為說法，令其成就。若諸眾生，欲身自在，飛行虛空，我於彼前，現大自在天身而為說法，令其成就。若諸眾生，愛統鬼神，救護國土，我於彼前，現天大將軍身而為說法，令其成就。若諸眾生，愛統世界，保護眾生，我於彼前，現四天王身而為說法，令其成就。若諸眾生，愛生天宮，驅使鬼神，我於彼前，現四天王國太子身而為說法，令其成就。

「若諸眾生，樂為人主，我於彼前，現人王身而為說法，令其成就。若諸眾生，愛主族姓，世間推讓，我於彼前，現長者身而為說法，令其成就。若諸眾生，愛談名言，清淨其居，我於彼前，現居士身而為說法，令其成就。若諸眾生，愛治國土，剖斷邦邑，我於彼前，現宰官身而為說法，令其成就。若諸眾生，愛諸數術，攝衛自居，我於彼前，現婆羅門身而為說法，令其成就。

「若有男子，好學出家，持諸戒律，我於彼前，現比丘身而為說法，令其成就。若有女子，好學出家，持諸禁戒，我於彼前，現比丘尼身而為說法，令其成就。若有男子，樂持五戒，我於彼前，現優婆塞身而為說法，令其成就。若復女子，五戒自居，我於彼前，現優婆夷身而為說法，令其成就。若有女人，內政立身，以修家國，我於彼前，現女主身及國夫人命婦大家而為說法，令其成就。若有眾生，不壞男根，我於彼前，現童男身而為說法，令其成就。若有處女，愛樂處身，不求侵暴，我於彼前，現童女身而為說法，令其成就。

「若有諸天，樂出天倫，我現天身而為說法，令其成就。若有諸龍，樂出龍倫，我現龍身而為說法，令其成就。若有藥叉，樂度本倫，我於彼前，現藥叉身而為說法，令其成就。若乾闥婆，樂脫其倫，我於彼前，現乾闥婆身而為說法，令其成就。若阿修羅，樂脫其倫，我於彼前，現阿修羅身而為說法，令其成就。若緊陀羅，樂脫其倫，我於彼前，現緊陀羅身而為說法，令其成就。若摩呼羅伽，樂脫其倫，我於彼前，現摩呼羅伽身而為說法，令其成就。若諸眾生，樂人修人，我現人身而為說法，令其成就。若諸非人，有形無形，有想無想，樂度其倫，我於彼前，皆現其身而為說法，令其成就。是名妙淨三十二應入國土身，皆以三昧聞薰聞修無作妙力，自在成就。

「世尊！我復以此聞薰聞修金剛三昧無作妙力，與諸十方三世六道一切眾生同悲仰故，令諸衆生於我身心，獲十四種無畏功德。一者、由我不自觀音以觀觀者，令彼十方苦惱衆生，觀其音聲即得解脫。二者、知見旋復，令諸衆生設入大火，火不能燒。三者、觀聽旋復，令諸衆生大水所漂，水不能溺。四者、斷滅妄想，心無殺害，令諸衆生入諸鬼國，鬼不能害。五者、薰聞成聞，六根銷復，同於聲聽，能令衆生臨當被害，刀段段壞，使其兵戈猶如割水，亦如吹光，性無搖動。六者、聞薰精明，明遍法界，則諸幽暗性不能全，能令衆生，藥叉、羅刹、鳩槃茶鬼及毘舍遮、富單那等，雖近其傍，目不能視。七者、音性圓銷，觀聽返入，離諸塵妄，能令衆生，禁繫枷鎖所不能著。八者、滅音圓聞，遍生慈力，能令衆生經過嶮路，賊不能劫。九者、薰聞離塵，色所不劫，能令一切多婬衆生，遠離貪欲。十者、純音無塵，根境圓融，無對所對，能令一切忿恨衆生，離諸瞋恚。十一者、銷塵旋明，法界身心猶如瑠璃，朗徹無礙，能令一切昏鈍性障諸阿顛迦，永離癡暗。十二者、融形復聞，不動道場涉入世間，不壞世界能遍十方，供養微塵諸佛如來，各各佛邊為法王子，能令法界無子衆生，欲求男者，誕生福德智慧之男。十三者、六根圓通，明照無二，含十方界，立大圓鏡空如來藏，承順十方微塵如來祕密法門，受領無失，能令法界無子眾生，欲求女者，誕生端正福德柔順、眾人愛敬有相之女。十四者、此三千大千世界百億日月，現住世間諸法王子，有六十二恒河沙數，修法垂範教化眾生，隨順眾生，方便、智慧各各不同；由我所得圓通本根，發妙耳門，然後身心微妙含容，遍周法界，能令眾生持我名號，與彼共持六十二恒河沙諸法王子，二人福德正等無異。世尊！我一號名，與彼眾多名號無異，由我修習得真圓通，是名十四施無畏力，福備眾生。

「世尊！我又獲是圓通，修證無上道故，又能善獲四不思議無作妙德。一者、由我初獲妙妙聞心，心精遺聞，見聞覺知不能分隔，成一圓融清淨寶覺，故我能現眾多妙容，能說無邊祕密神呪。其中或現一首、三首、五首、七首、九首、十一首，如是乃至一百八首、千首、萬首、八萬四千爍迦囉首；二臂、四臂、六臂、八臂、十臂、十二臂、十四、十六、十八、二十至二十四，如是乃至一百八臂、千臂、萬臂、八萬四千母陀羅臂；二目、三目、四目、九目，如是乃至一百八目、千目、萬目、八萬四千清淨寶目；或慈、或威、或定、或慧救護眾生，得大自在。二者、由我聞思脫出六塵，如聲度垣不能為礙，故我妙能現一一形，誦一一呪，其形其呪能以無畏施諸眾生，是故十方微塵國土，皆名我為施無畏者。三者、由我修習本妙圓通清淨本根，所遊世界，皆令眾生捨身珍寶，求我哀愍。四者、我得佛心，證於究竟，能以珍寶，種種供養十方如來，傍及法界六道眾生，求妻得妻，求子得子，求三昧得三昧，求長壽得長壽，如是乃至求大涅槃得大涅槃。

「佛問圓通，我從耳門圓照三昧，緣心自在，因入流相，得三摩提，成就菩提，斯為第一。世尊！彼佛如來歎我善得圓通法門，於大會中授記我為觀世音號，由我觀聽十方圓明，故觀音名遍十方界。」

爾時，世尊於師子座，從其五體同放寶光，遠灌十方微塵如來及法王子諸菩薩頂。彼諸如來，亦於五體同放寶光，從微塵方來灌佛頂，并灌會中諸大菩薩及阿羅漢。林木、池沼皆演法音，交光相羅，如寶絲網。是諸大眾得未曾有，一切普獲金剛三昧。即時，天雨百寶蓮華，青黃赤白間錯紛糅，十方虛空成七寶色。此娑婆界大地山河俱時不現，唯見十方微塵國土合成一界，梵唄詠歌自然數奏。

於是如來告文殊師利法王子：「汝今觀此二十五無學諸大菩薩及阿羅漢，各說最初成道方便，皆言修習真實圓通，彼等修行，實無優劣、前後差別。我今欲令阿難開悟，二十五行誰當其根？兼我滅後，此界眾生入菩薩乘，求無上道，何方便門得易成就？」

文殊師利法王子奉佛慈旨，即從座起，頂禮佛足，承佛威神，說偈對佛：

覺海性澄圓，　圓澄覺元妙，　元明照生所，　所立照性亡。
迷妄有虛空，　依空立世界，　想澄成國土，　知覺乃眾生。
空生大覺中，　如海一漚發，　有漏微塵國，　皆從空所生。
漚滅空本無，　況復諸三有？　歸元性無二，　方便有多門。
聖性無不通，　順逆皆方便，　初心入三昧，　遲速不同倫。
色想結成塵，　精了不能徹，　如何不明徹，　於是獲圓通？

音聲雜語言，但伊名句味，一非含一切，云何獲圓通？
香以合中知，離則元無有，不恒其所覺，云何獲圓通？
味性非本然，要以味時有，其覺不恒一，云何獲圓通？
觸以所觸明，無所不明觸，合離性非定，云何獲圓通？
法稱為內塵，憑塵必有所，能所非遍涉，云何獲圓通？
見性雖洞然，明前不明後，四維虧一半，云何獲圓通？
鼻息出入通，現前無交氣，支離匪涉入，云何獲圓通？
舌非入無端，因味生覺了，味亡了無有，云何獲圓通？
身與所觸同，各非圓覺觀，涯量不冥會，云何獲圓通？
知根雜亂思，湛了終無見，想念不可脫，云何獲圓通？
識見雜三和，詰本稱非相，自體先無定，云何獲圓通？
心聞洞十方，生于大因力，初心不能入，云何獲圓通？
鼻想本權機，秖令攝心住，住成心所住，云何獲圓通？

說法弄音文，開悟先成者，名句非無漏，云何獲圓通？
持犯但束身，非身無所束，元非遍一切，云何獲圓通？
神通本宿因，何關法分別？念緣非離物，云何獲圓通？
若以地性觀，堅礙非通達，有為非聖性，云何獲圓通？
若以水性觀，想念非真實，如如非覺觀，云何獲圓通？
若以火性觀，厭有非真離，非初心方便，云何獲圓通？
若以風性觀，動寂非無對，對非無上覺，云何獲圓通？
若以空性觀，昏鈍先非覺，無覺異菩提，云何獲圓通？
若以識性觀，觀識非常住，存心乃虛妄，云何獲圓通？
諸行是無常，念性無生滅，因果今殊感，云何獲圓通？
我今白世尊：佛出娑婆界，此方真教體，清淨在音聞，
欲取三摩提，實以聞中入；離苦得解脫，良哉觀世音！
於恒沙劫中，入微塵佛國，得大自在力，無畏施眾生。

妙音觀世音，梵音海潮音，救世悉安寧，出世獲常住。
我今啟如來，如觀音所說，譬如人靜居，十方俱擊鼓，
十處一時聞，此則圓真實。目非觀障外，口鼻亦復然，
身以合方知，心念紛無緒。隔垣聽音響，遐邇俱可聞，
五根所不齊，是則通真實。音聲性動靜，聞中為有無，
無聲號無聞，非實聞無性。聲無既無滅，聲有亦非生，
生滅二圓離，是則常真實。縱令在夢想，不為不思無，
覺觀出思惟，身心不能及。今此娑婆國，聲論得宣明，
衆生迷本聞，循聲故流轉。阿難縱強記，不免落邪思，
豈非隨所淪，旋流獲無妄？阿難汝諦聽：我承佛威力，
宣說金剛王，如幻不思議，佛母真三昧。汝聞微塵佛，
一切祕密門，欲漏不先除，畜聞成過誤。將聞持佛佛，
何不自聞聞？聞非自然生，因聲有名字，旋聞與聲脫，

能脫欲誰名？一根既返源，六根成解脫。見聞如幻翳，
三界若空花，聞復翳根除，塵銷覺圓淨。淨極光通達，
寂照含虛空。却來觀世間，猶如夢中事，摩登伽在夢，
誰能留汝形？如世巧幻師，幻作諸男女，雖見諸根動，
要以一機抽，息機歸寂然，諸幻成無性。六根亦如是，
元依一精明，分成六和合，一處成休復，六用皆不成，
塵垢應念銷，成圓明淨妙。餘塵尚諸學，明極即如來。
大眾及阿難，旋汝倒聞機，反聞聞自性，性成無上道，
圓通實如是。此是微塵佛，一路涅槃門，過去諸如來，
斯門已成就；現在諸菩薩，今各入圓明；未來修學人，
當依如是法；我亦從中證，非唯觀世音。誠如佛世尊，
詢我諸方便，以救諸末劫，求出世間人，成就涅槃心，
觀世音為最。自餘諸方便，皆是佛威神。即事捨塵勞，

非是長修學，　淺深同說法。　頂禮如來藏，　無漏不思議，
願加被未來，　於此門無惑，　方便易成就。　堪以教阿難，
及末劫沈淪，　但以此根修，　圓通超餘者，　真實心如是。

於是阿難及諸大眾，身心了然得大開示，觀佛菩提及大涅槃，猶如有人因事遠遊未得歸還，明了其家所歸道路。普會大眾、天龍八部、有學二乘及諸一切新發心菩薩，其數凡有十恒河沙，皆得本心，遠塵離垢，獲法眼淨。性比丘尼聞說偈已，成阿羅漢。無量眾生，皆發無等等阿耨多羅三藐三菩提心。㊰

㊟此章名大正藏原無，係由編者所加。

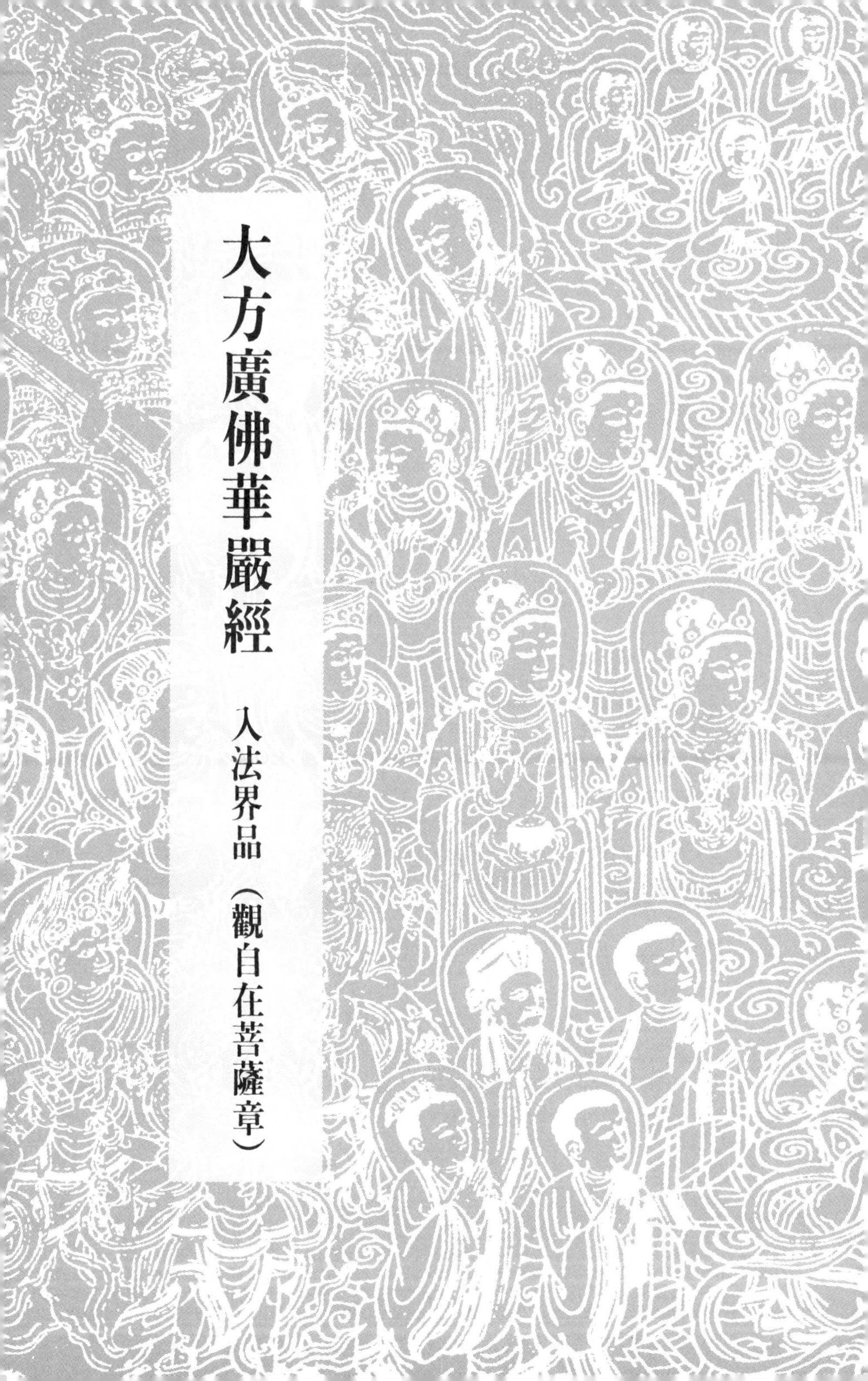

大方廣佛華嚴經

入法界品（觀自在菩薩章）

大方廣佛華嚴經卷第六十八

于闐國三藏實叉難陀奉　制譯

入法界品第三十九之九㊣略

「善男子！於此南方有山，名補怛洛迦；彼有菩薩，名觀自在。汝詣彼問：菩薩云何學菩薩行、修菩薩道？」

即說頌曰：

海上有山多聖賢，眾寶所成極清淨，華果樹林皆遍滿，泉流池沼悉具足。
勇猛丈夫觀自在，為利眾生住此山，汝應往問諸功德，彼當示汝大方便。

時，善財童子頂禮其足，遶無量匝已，慇懃瞻仰，辭退而去。

爾時，善財童子一心思惟彼居士教，入彼菩薩解脫之藏，得彼菩薩能隨念力，憶彼諸佛出現次第，念彼諸佛相續次第，持彼諸佛名號次第，觀彼諸佛所說妙法，知彼諸佛具足莊嚴，見彼諸佛成正等覺，了彼諸佛不思議業。

漸次遊行，至於彼山，處處求覓此大菩薩。見其西面巖谷之中，泉流縈映，樹林蓊鬱，香草柔軟，右旋布地。觀自在菩薩於金剛寶石上結跏趺坐，無量菩薩皆坐寶石恭敬圍遶，而為宣說大慈悲法，令其攝受一切眾生。

善財見已，歡喜踊躍，合掌諦觀，目不暫瞬，作如是念：「善知識者，則是如來；善知識者，一切法雲；善知識者，諸功德藏；善知識者，難可值遇；善知識者，十力寶因；善知識者，無盡智炬；善知識者，福德根芽；善知識者，一切智門；善知識者，智海導師；善知識者，至一切智助道之具。」便即往詣大菩薩所。

爾時，觀自在菩薩遙見善財，告言：「善來！汝發大乘意普攝眾生，起正直心專求佛法，大悲深重救護一切，普賢妙行相續現前，大願深心圓滿清淨，勤求佛法悉能領受，積集善根恒無厭足，順善知識不違其教，從文殊師利功德智慧大海所生，其心成熟得佛勢力，已獲廣大三昧光明，專意希求甚深妙法，常見諸佛生大歡喜，智慧清淨猶如虛空，既自明了復為他說，安住如來智慧光明。」

爾時，善財童子頂禮觀自在菩薩足，遶無數帀，合掌而住，白言：「聖者！我已先發阿耨多羅三藐三菩提心，而未知菩薩云何學菩薩行？云何修菩薩道？我聞聖者善能教誨，願為我說！」

菩薩告言：「善哉！善哉！善男子！汝已能發阿耨多羅三藐三菩提心。

「善男子！我已成就菩薩大悲行解脫門。善男子！我以此菩薩大悲行門，平等教化一切眾生相續不斷。

「善男子！我住此大悲行門，常在一切諸如來所，普現一切眾生之前。或以布施，攝取眾生。或以愛語，或以利行，或以同事，攝取眾生。或現色身，攝取眾生。或現種種不思議色淨光明網，攝取眾生。或以音聲，或以威儀，或為說法，或現神變，令其心悟而得成熟；或為化現同類之形，與其共居而成熟之。

「善男子！我修行此大悲行門，願常救護一切眾生。願一切眾生，離險道怖，離熱惱怖，離迷惑怖，離繫縛怖，離殺害怖，離貧窮怖，離不活怖，離惡名怖，離於死怖，離大眾怖，離惡趣怖，離黑闇怖，離遷移怖，離愛別怖，離怨會怖，離逼迫身怖，離逼迫心怖，離憂悲怖。復作是願：願諸眾生，若念於我，若稱我名，若見我身，皆得免離一切怖畏。善男子！我以此方便，令諸眾生離怖畏已，復教令發阿耨多羅三藐三菩提心永不退轉。

「善男子！我唯得此菩薩大悲行門。如諸菩薩摩訶薩，已淨普賢一切願，已住普賢一切行，常行一切諸善法，常入一切諸三昧，常住一切無邊劫，常知一切三世法，常詣一切無邊剎，常息一切眾生惡，常長一切眾生善，常絕眾生生死流，而我云何能知、能說彼功德行？」

爾時，東方有一菩薩，名曰正趣，從空中來，至娑婆世界輪圍山頂，以足按地，其娑婆世界六種震動，一切皆以眾寶莊嚴。正趣菩薩放身光明，映蔽一切日、月、星、電，天龍八部、釋、梵、護世所有光明皆如聚墨；其光普照一切地獄、畜生、餓鬼、閻羅王處，令諸惡趣衆苦皆滅，煩惱不起，憂悲悉離。又於一切諸佛國土，普雨一切華香、瓔珞、衣服、幢蓋，如是所有諸莊嚴具，供養於佛。復隨衆生心之所樂，普於一切諸宮殿中而現其身，令其見者皆悉歡喜，然後來詣觀自在所。

時，觀自在菩薩告善財言：「善男子！汝見正趣菩薩來此會不？」

白言：「已見。」

告言：「善男子！汝可往問：菩薩云何學菩薩行、修菩薩道？」㊣

佛說如幻三摩地無量印法門經

佛說如幻三摩地無量印法門經卷上

西天譯經三藏朝奉大夫試光祿卿
傳法大師賜紫臣施護等奉　詔譯

如是我聞：一時，世尊在波羅奈國仙人墮處鹿野園中，與大苾芻眾二萬人俱；菩薩摩訶薩一萬二千，其名曰：師子菩薩摩訶薩、師子意菩薩摩訶薩、善住意菩薩摩訶薩、勝思惟菩薩摩訶薩、持世菩薩摩訶薩、人授菩薩摩訶薩、水天菩薩摩訶薩、寶積菩薩摩訶薩、隱密菩薩摩訶薩、賢護菩薩摩訶薩、雷天菩薩摩訶薩、遍照菩薩摩訶薩、智積菩薩摩訶薩、不休息菩薩摩訶薩、不空見菩薩摩訶薩、慈氏菩薩摩訶薩、妙吉祥童真菩薩摩訶薩等。復有二萬天子，所謂：善道天子、安意天子等，是諸天子，皆悉安住大乘法中；并餘無數百千大眾，咸悉恭敬圍繞世尊，聽受說法。

爾時，會中有一菩薩摩訶薩，名勝華藏，從座而起偏袒右肩，右膝著地，合掌頂禮，前白佛言：「世尊！我有所問，惟願如來、應供、正等正覺哀愍聽許，略為宣說！」

佛言：「勝華藏！如來、應供、正等正覺隨有問者，即為開曉；今恣汝問，當為汝說！」

爾時，勝華藏菩薩摩訶薩白佛言：「世尊！菩薩摩訶薩云何得不退轉於阿耨多羅三藐三菩提，成就五神通，得如幻三摩地？得是三摩地已，諸有眾生善根成熟，即以自神力如應現化，隨諸眾生所起信解，即為說法，而令速證阿耨多羅三藐三菩提？」

佛告勝華藏菩薩摩訶薩言：「善哉！善哉！勝華藏！汝今善問如是等義。汝於過去，已曾親近俱胝那庾多百千諸佛，於諸佛所深種善根，而復能為一切眾生起悲愍心。汝應善聽，極善作意，今為汝說。」于是勝華藏菩薩受教而聽。

佛言：「勝華藏！當知有一法若菩薩摩訶薩能具足者，即得如幻三摩地，得是三摩地已，諸有衆生善根成熟，即以自神力如應現化，隨諸衆生所起信解，即為說法，而令速證阿耨多羅三藐三菩提。勝華藏！所言一法者，謂無依止法。若菩薩摩訶薩成就此法已，乃至遍三界中不作依止想，若內、若外悉無依止。由如是故，即具正見，以正見故，得正相應及正所行，是故獲得無障礙慧。慧無礙故，心亦無礙，於無礙心中，即起正行。勝華藏！云何菩薩能起正行？謂了一切法悉從緣生，於緣生法中，無有少法而實積聚。何以故？以彼諸緣皆不實故，是中云何有法可生？若法緣生，即是無生，是故一切法皆悉無生。菩薩若能如實了知一切法無生，即得成就諸菩薩道。所有一切衆生根欲及事，能以悲心而悉隨入，得深信解，了知一切法悉如幻化，乃至分別一切法皆是化事；以彼分別畢竟空故，而一切法亦復皆空。如是知已，即得如幻三摩地。得是三摩地已，乃至能令衆生速證阿耨多羅三藐三菩提。」

勝華藏菩薩復白佛言：「世尊！今此會中，有幾許菩薩摩訶薩得是如幻三摩地？」

佛言：「勝華藏！今此會中，有慈氏菩薩、妙吉祥童真菩薩等六十大士，皆已被於不思議鎧，得是如幻三摩地法門。」

勝華藏言：「餘世界中，亦有菩薩大士得是三摩地邪？」

佛言：「勝華藏！西方過此百千俱胝佛剎，有世界名極樂，有佛號無量光如來、應供、正等正覺，現住說法，教化眾生。彼佛剎中，有菩薩名觀自在，復有菩薩名大勢至，彼二菩薩得是三摩地。於七夜中，為餘菩薩說是法門，諸菩薩聞已，亦得是三摩地。」

勝華藏菩薩復白佛言：「世尊！彼佛剎中所有菩薩，得如幻三摩地者，應多於此。何以故？此佛剎中諸菩薩等，於慈氏菩薩、妙吉祥童真菩薩所，不能專勤請問聽受如是法門，是故少有得此三摩地者。」

佛言：「勝華藏！如是！如是！如汝所說。彼佛剎中所有菩薩，安住如幻三摩地者，無量無數不可稱計。」

爾時，勝華藏菩薩摩訶薩復白佛言：「世尊！惟願如來、應供、正等正覺，如其所應現神通相，使彼佛刹二大士等，來此娑婆世界；復令此會大衆得見極樂世界，瞻覩無量光如來、應供、正等正覺。所以者何？此佛刹中諸善男子、善女人，若得見彼無量光如來，即能發起阿耨多羅三藐三菩提心，各各願生於彼佛刹，普得不退轉於阿耨多羅三藐三菩提。又若彼二大*士來此刹中，所有此土修菩薩乘諸善男子、善女人，善根增長，或復於彼二大士所聞說法已，即令獲得如幻三摩地。」

爾時，世尊受勝華藏菩薩摩訶薩請已，即從眉間放大光明，其光金色，於此三千大千世界普遍照耀。其中所有須彌山、目真隣陀山、摩訶目真隣陀山、雪山、輪圍山、大輪圍山等，乃至極餘世界邊際一切山石、叢林、暗暝等處，此金色光而悉照破。世間所有日月光明廣大熾盛，以佛光明所映蔽故，猶如眼光其量微小。是時，光明金色晃耀，照徹西方百千俱胝佛刹，乃至極樂世界無量光如來所。其光旋環繞佛七匝，普照耀已，於彼佛前隱而不現。是時，極樂世界所有菩薩、聲聞及餘眾生之類，乘前光明，悉能見此娑婆世界，及見釋迦牟尼如來，菩薩、聲聞大眾圍繞，如觀掌中菴摩勒果，皆生歡喜愛樂之心，咸作是言：「南無世尊釋迦牟尼如來、應供、正等正覺。」

時，此娑婆世界釋迦牟尼如來，會中所有諸菩薩摩訶薩、苾芻、苾芻尼、優婆塞、優婆夷、梵王、帝釋、護世四王，并餘天、龍、夜叉、乾闥婆、阿脩羅、迦樓羅、緊那羅、摩睺羅伽、人非人等，悉能見彼極樂世界，及見無量光如來，菩薩、聲聞大眾圍繞，光明熾盛如妙高山，映徹照耀遍此剎中。如明眼人於一搩手地量之中，觀餘面輪而不勞力，此彼互見亦復如是。時，此會眾得見彼佛及彼世界無數百千俱胝那庾多功德圓滿莊嚴事已，皆生歡喜愛樂之心，咸作是言：「南無世尊無量光如來、應供、正等正覺。」作是言時，會中有八萬四千眾生，皆發阿耨多羅三藐三菩提心，以此善根當得生於極樂世界。

爾時，彼世界中所有菩薩、聲聞大眾，又復生希有心，合掌恭敬，遙向世尊釋迦牟尼如來，而伸頂禮，重作是言：「南無世尊釋迦牟尼如來、應供、正等正覺。」發是言時，彼極樂世界六種震動，所謂：震、遍震、等遍震，動、遍動、等遍動，擊、遍擊、等遍擊，湧、遍湧、等遍湧，爆、遍爆、等遍爆，吼、遍吼、等遍吼。

現如是相已，時，彼會中觀自在菩薩、大勢至菩薩，俱白無量光如來言：「希有！世尊！希有！善逝！彼釋迦牟尼如來所有名字，稱念中間，能令大地六種震動。」

彼佛告言：「善男子！不但此佛刹中，稱揚釋迦牟尼如來名字之時有如是相，別餘無量佛刹之中，亦悉稱揚彼佛名字，而諸佛刹蒙光照觸，彼彼皆悉六種震動。是諸刹中無量無數衆生之類，若得聞是釋迦牟尼如來名已，悉得善根增長，不退轉於阿耨多羅三藐三菩提。」

復次，彼會菩薩衆中，有四十俱胝菩薩，得聞釋迦牟尼如來名已，咸起是願：普集所有一切善根，悉以迴向阿耨多羅三藐三菩提。即時，觀自在菩薩、大勢至菩薩前詣無量光如來所，各各頭面禮彼佛足，肅恭瞻仰，退住一面，俱白佛言

：「世尊！彼釋迦牟尼如來前所放光，昔未聞見，甚為希有。何因緣故，現是光相？若無因緣，彼佛世尊不放光明。其事云何？願佛為說。」

彼佛告言：「善男子！如是！如是！如汝所說。釋迦牟尼如來所放光明，非無因緣，彼佛世尊將欲宣說菩薩安住三摩地寶最上法門，為說法故，先現是相。」

時，觀自在菩薩、大勢至菩薩復白彼佛言：「世尊！我等今者，樂欲往彼娑婆世界，瞻禮親近世尊釋迦牟尼如來、應供、正等正覺，聽其說法，惟垂哀許！」

佛言：「善男子！汝等可往，今正是時。汝等往故，轉復發起彼佛世尊宣說法要。」

時，二菩薩蒙佛許已，卽於諸菩薩摩訶薩眾中，顧謂八十四俱胝菩薩言：「諸善男子！我等今往娑婆世界，瞻禮親近釋迦牟尼如來，聽其說法。所以者何？彼佛世尊，最上希有，能為難事，捨餘清淨嚴好佛土，樂於娑婆世界穢惡土中，以大悲願力教化眾生。彼諸眾生多起下劣信解，勇發貪、瞋、癡等諸業煩惱，而佛世尊能於其中成就阿耨多羅三藐三菩提果，是為難事。汝等宜應隨我往彼。」

時，諸菩薩歡喜隨順。

復次，會中有諸大聲聞，異口同音前白佛言：「世尊！彼釋迦牟尼如來所有名字，若暫聞者尚得善利，何況親往現前瞻禮，使瞻禮者肉眼清淨！我等欲往，願佛聽許！」

佛言：「可往！今正是時。」

爾時，八十四俱胝菩薩并諸大聲聞，恭敬圍繞觀自在菩薩、大勢至菩薩，來詣娑婆世界。菩薩行時，如其所應，現諸色相神通事業。時八十四俱胝菩薩，各各化現八十四俱胝殊妙樓閣，一一樓閣高十二由旬，廣八由旬，四方四隅周遍妙好。是諸樓閣，有以金、銀、吠瑠璃、頗胝迦、赤珠、碼碯、琥珀等七寶合成，有以金、銀所成，有以金、銀、吠瑠璃成，有以金、銀、吠瑠璃、碼碯所成，有以金、銀、吠琉璃、碼碯、頗胝迦成，有以金、銀、吠瑠璃、頗胝迦、琥珀、赤珠所成；有以赤栴檀香、龍實栴檀香、沈水栴檀香成，有以衆妙栴檀香等所共合成；有以優鉢羅華、鉢訥摩華、俱母陀華、奔拏利迦華所成，有以須摩那華、婆利師迦華、瞻波迦華、波吒羅華、阿提目多迦華成，有以馱努瑟迦華所成，有以曼陀羅華、摩訶曼陀羅華成，有以曼殊沙華、摩訶曼殊沙華、嚕左華、摩訶嚕左華、作訖囉華、摩訶作訖囉華、蘇囉毘作訖囉華、摩訶蘇囉毘作訖囉華、賛捺囉華、摩訶賛捺囉華、蘇囉毘賛捺囉華、賛訥盧怛摩華、薩他羅華、摩訶薩他羅華、蘇囉毘薩他羅華等所共合成，有以一切妙華莊嚴所成，有以無數百千殊妙色相莊嚴所成。如是一一樓閣之中，皆悉出現八萬四千清淨光明。

佛說如幻三摩地無量印法門經卷上

佛說如幻三摩地無量印法門經卷中

西天譯經三藏朝奉大夫試光祿卿
傳法大師賜紫臣施護等奉　詔譯

復次，彼彼樓閣周匝，或有天女執眾樂器，所謂：琵琶、箏、篥、琴笙、箜篌、螺鼓、小鼓、拍板等類，作妙音樂。或有天女捧赤栴檀香末，或有天女捧龍寶栴檀香末，或有天女捧沈水栴檀香末，或有天女捧黑沈栴檀香末，或有天女捧眾妙栴檀香末，或有天女執優鉢羅華、俱母陀華、奔拏利迦華，或有天女執曼陀羅華、摩訶曼陀羅華，或有天女執播嚕沙迦華、摩訶播嚕沙迦華，或有天女執曼殊沙華、摩訶曼殊沙華，或有天女執嚕左華、摩訶嚕左華，或有天女執作訖囉華、摩訶作訖囉華、三滿多作訖囉華、蘇嚕唧囉作訖囉華，或有天女執贊捺囉華、摩訶贊棕囉華、蘇嚕唧囉贊棕囉華，或有天女執薩他羅華、摩訶薩他羅華、蘇嚕唧囉薩他羅華，或有天女捧天妙衣，及妙華、妙香、塗香、末香等，隨處而住。

而彼一一樓閣之中，各各有大妙寶莊嚴師子之座，化如來像安處其上，三十二相莊嚴具足。又復一一樓閣之中，化出八萬四千真珠瓔珞，其珠三色，謂青、白、赤。又復一一樓閣之中，化出八萬四千殊妙寶幢，以諸金鈴網覆其上，天衣垂下而為嚴飾。又復一一樓閣之中，化出八萬四千寶瓶，盛諸妙香。又復一一樓閣之中，化出八萬四千上妙寶蓋，以百千種極妙彩繪而為嚴飾。又復一一樓閣之中，化出八萬四千多羅行樹，及八萬四千七寶行樹，一一皆以寶繩交絡。又復一一樓閣之中，化出八萬四千懸鈴寶網，微風吹動出和雅音，如百千種妙音樂聲。又復一一樓閣之中，化出寶池，是池純以金沙布底，七寶界道，瑠璃、水精周匝莊飾，八功德水充滿其中，池中出生優鉢羅華、鉢訥摩華、俱母陀華、奔拏利迦華等。其池復有鳧鴈、鴛鴦，異鳥和鳴，八萬四千妙寶行樹周匝圍繞，上以八萬四千寶繩，交絡而為嚴飾。又復一一樓閣之中，出大光明，廣照八萬四千由◎旬。

爾時，觀自在菩薩摩訶薩、大勢至菩薩摩訶薩及彼所來諸菩薩衆，以是殊妙莊嚴一切樓閣，一時置在一樓閣中，諸莊嚴事互不相礙；譬如力士屈伸臂頃，到此娑婆世界。而諸菩薩以神通力故，各以所現八十四俱胝功德莊嚴殊妙樓閣，置於佛會，如其所應神通威力，令此娑婆世界地平如掌，而佛會中亦不迫窄。是諸樓閣出大光明，照此三千大千世界。

是時，彼二菩薩前詣佛所，頭面禮足，右繞三匝退住一面，俱白佛言：「無量光如來、應供、正等正覺致問世尊釋迦牟尼如來：少病少惱，動止輕利，安樂行不？」

彼二菩薩復白佛言：「我等菩薩、聲聞，於極樂世界見佛世尊，故來瞻覲。」時，此娑婆世界佛會之中，所有菩薩、聲聞大衆，見此世界清淨嚴飾，及見無數廣大樓閣已，咸起是念：「如來何故現是威力，而能令彼諸大菩薩來至於此？」

爾時，勝華藏菩薩承佛威神，從座而起，前白佛言：「希有！世尊！希有！善逝！今此娑婆世界如是嚴飾及現樓閣，為是如來威神力邪？為是彼二菩薩威力所變？願佛為說！」

佛告勝華藏菩薩摩訶薩言：「勝華藏！此非如來威神之力，乃是觀自在菩薩摩訶薩、大勢至菩薩摩訶薩威力所變，故現是相。」

勝華藏復白佛言：「希有！世尊！希有！善逝！此二大士，已得不可思議願力清淨善根潔白，乃能有是神通威力。」

佛言：「勝華藏！如是！如是！如汝所說。此二大士已於俱胝百千那庾多劫，積集善根清淨潔白，又復已得如幻三摩地法門，從是三摩地中，能現如是種種色相神通等事。復次，勝華藏！且置是事，汝觀東方為有何相？」

勝華藏菩薩承佛聖旨，卽以無礙清淨天眼，觀見東方殑伽沙數佛剎之中，有殑伽沙數諸佛世尊，彼一一佛前，皆有觀自在菩薩摩訶薩、大勢至菩薩摩訶薩，各禮佛足，又聞其言：「無量光如來、應供、正等正覺致問世尊：少病少惱，動止輕利，安樂行不？」及見無量廣大樓閣妙寶嚴飾。如是南西北方、四維上下，一一皆見殑伽沙數佛剎之中，有殑伽沙數諸佛世尊，彼一一佛前皆有二大士各禮佛足，又聞其言：「無量光如來、應供、正等正覺致問世尊：少病少惱，動止輕利，安樂行不？」及見無量廣大樓閣妙寶嚴飾。

時，勝華藏菩薩見是相已，復白佛言：「希有！世尊！希有！善逝！此二大士真實已得最勝如幻三摩地門，能於十方諸佛刹中悉現其身，神通威力不可思議。」

爾時，世尊觀察衆會，如其所應現神通相。卽時會中一切大衆，以佛威神力故，皆如勝華藏菩薩，亦能見彼十方世界，如殑伽沙數諸佛刹土，彼彼刹中佛世尊前，皆有二大士，各禮佛足，乃至見彼廣大樓閣妙寶嚴飾。當此衆會見是相時，會中有三萬二千衆生，發阿耨多羅三藐三菩提心。

爾時，勝華藏菩薩摩訶薩復白佛言：「世尊！此二大士，於何佛所發阿耨多羅三藐三菩提心？而所發心為久近邪？其佛如來，名字何等？惟願世尊，善為宣說！令餘菩薩知其所修，如其所行，畢竟皆得行願圓滿。」

佛告勝華藏菩薩言：「汝應善聽，極善作意，今為汝說。」是時，勝華藏菩薩受教而聽。

佛言：「勝華藏！乃往過去阿僧祇阿僧祇劫前，又經廣大無量無邊不可思議劫數，過是劫已，將此三千大千世界碎為微塵，一塵一劫，過是微塵劫數之前，時有世界，名無量功德寶莊嚴普現妙樂，有佛出世，號師子遊戲金光王如來、應供、正等正覺、明行足、善逝、世間解、無上士、調御丈夫、天人師、佛、世尊。彼佛剎中所有功德莊嚴等事，廣大無量。勝華藏！於汝意云何？彼無量光如來、應供、正等正覺極樂世界中，所有功德莊嚴是為多不？」

勝華藏言：「甚多！世尊！無量無邊，不可思議。」

佛言：「勝華藏！我以譬喻略明斯義。譬如有人取彼一毛，折為百分，將其一分，於大海中取一滴水，勝華藏！於汝意云何，彼毛端水是為多邪？餘大海水而為多邪？」

勝華藏白佛言：「世尊！毛端之水，極為微少，餘大海水，深廣無量。」

佛言：「勝華藏！汝今當知無量光如來極樂世界所有功德莊嚴等事，如毛端水；師子遊戲金光王如來無量功德寶莊嚴普現妙樂世界所有功德莊嚴等事，如大海水。又師子遊戲金光王如來會中所有菩薩、聲聞之衆，比無量光如來會中菩薩、聲聞多百千倍，彼佛世尊隨應演說三乘之法。勝華藏！以要言之，彼師子遊戲金光王如來剎土之中，所有功德莊嚴及妙樂事，假使我於殑伽沙數劫中，廣以辯才，而亦不能說其邊際。復次，勝華藏！彼師子遊戲金光王如來法中，有王名勝威，其王於千世界中自在特尊，廣大富盛，正法化世，有七萬六千最上園苑，王所受用，其王諸子，各有一萬園林受用。」

勝華藏菩薩白佛言：「世尊！彼佛剎中有女人不？」

佛言：「不也！善男子！彼佛剎中，尚無女人名字可聞，況有女人邪！其中生者，皆是化生，清淨潔白，咸修梵行。一切衆生，皆以法喜禪悅為食，不受一切麁惡叚食。

「勝華藏！其王與子於八萬四千俱胝歲中，尊重供養師子遊戲金光王如來。彼佛世尊知王深心起淨信已，卽為宣說無量印善巧法門。勝華藏！何等名為無量印善巧法門邪？謂諸菩薩摩訶薩所起諸行，未嘗於限量法中而有趣求。何以故？

以諸菩薩行無量布施、無量持戒、無量忍辱、無量精進、無量禪定、無量智慧，於無量生死中隨入，於無量衆生中慈愍，無量剎土莊嚴，無量聲聞莊嚴，無量色相成就，具足無量音聲及無量辯才。勝華藏！諸菩薩乃至一發心所有善根，尚起無量廣大之心，迴向一切，況復積集無量行願，普用迴向一切衆生，使諸衆生悉證無生，如佛涅槃而得涅槃！善男子！此即名為無量迴向。以是迴向故，即空、無相、無願而悉無量，真如、實際、法界亦復無量，解脫無生離諸繫著。善男子！以要言之，無量義者，即一切法無量。何故說一切法為無量邪？以一切法無生無滅故無量。若法無量即無生無滅，若法無生無滅即無量，是名無量印法門。勝華藏！爾時，彼師子遊戲金光王如來，為彼勝威王如是宣說無量印善巧法門時，其王於一切法而得覺了。

「復次，勝華藏！彼勝威王於佛法中修禪定行，後於一時安處禪定，其王忽然左右二脇，生二蓮華殊妙可愛，清淨猶如龍實栴檀香；於其華中生二童子，跏趺而坐。其王見已，歎未曾有，即向童子說伽陀曰：

汝或是天或是龍，或復夜叉羅剎類？若人非人若神仙，汝等何名為我說？

「時，右脇生者童子卽說伽陀，答彼王曰：

於一切法空性中，汝今問我何名字，然彼諸法本無名，何故以名而見問？

法空性中無天龍，亦無夜叉羅剎類，人與非人若神仙，彼等一切無所有。

「時，左脇生者童子亦說伽陀，答彼王曰：

名與名體二皆空，能名所名俱無有，於一切法無名中，但以強名而表示。

當知真實名自性，是中非見亦非聞，本來無滅復無生，何故以名而見問？

諸所作事所有名，既以假名而表示，是故我今亦假名，一名寶嚴二寶上。

「彼二童子說伽陀已，宿善力故得五神通，卽與勝威王同詣師子遊戲金光王如來所。到已頭面各禮佛足，右繞三匝，退住一面。彼二童子合掌向佛，異口同音說伽陀曰：

我今當以何等物，供養正覺二足尊？此事願佛開我心，令我聞已心安定。

我今無華亦無香，復無飲食及衣服，諸妙供養悉皆無，將何供養最勝者？

「爾時，彼佛為二童子說伽陀曰：

若能一發菩提心，廣為衆生作利樂，此卽名為真供養，正覺三十二相者。

若人以彼殑伽沙，是等數量諸佛剎，滿中勝上諸妙華，供養世尊救世者；

若人至心但合掌，發起無上菩提心，是人所獲勝福門，倍多於前無有量。

異此何名真供養？異此何名勝依止？若人能發菩提心，我說名為上智者。」

佛說如幻三摩地無量印法門經卷中

佛說如幻三摩地無量印法門經卷下

西天譯經三藏朝奉大夫試光祿卿
傳法大師賜紫臣施護等奉　詔譯

「復次，勝華藏！爾時，彼二童子向佛世尊，復說伽陀曰：

能仁作大師子吼，天人一切普得聞，我等今對世尊前，各發誠實最上願：
我等乃至未來際，願我所行經多劫，隨入生死輪迴中，救度無數眾生類。
我等今者以此緣，盡未來際悉思念，普為利樂諸眾生，於無邊劫行無懈。
我等從今日已去，永滅貪瞋癡等垢，十方現在佛世尊，證我所說誠無妄。
我等今發菩提心，不樂聲聞緣覺果，我等若有樂小心，決定當招妄語報。
我所不樂二乘果，但以悲心為眾生，縱經俱胝多劫中，願我常行而不懈。

如佛世尊所成就，如應佛剎廣莊嚴，願我當來得佛時，剎土倍多俱胝數。
又願當來佛剎中，無有聲聞緣覺衆，純一菩薩所莊嚴，廣集無量諸智聚。
願我得是莊嚴已，當令衆生得離垢，從諸佛法所出生，普使當持佛法藏。
若我今時諸所說，真實無妄無別異，願此大海及山川，乃至大地皆震動。
當發如是願言時，大地卽時皆震動，不鼓音樂自然鳴，出微妙音遍十方。
天雨衆華衆妙香，殊麗嚴好極可愛，俱胝百千妙天衣，周遍繽紛而散布。

「爾時，彼二童子各發阿耨多羅三藐三菩提心。勝華藏！於汝意云何？彼時勝威王者豈異人乎？卽今無量光如來、應供、正等正覺是。彼時寶嚴童子者，今觀自在菩薩摩訶薩是。寶上童子者，今大勢至菩薩摩訶薩是。是二菩薩於彼師子遊戲金光王如來所，首發阿耨多羅三藐三菩提心。」

復次，勝華藏菩薩前白佛言：「世尊！此二大士甚為希有，如是名字難可得聞，而復具足甚深信解，所發菩提心無與等比。世尊！此二大士於師子遊戲金光王如來之後，又復供養幾許諸佛？」

佛言：「善男子！所有殑伽河沙，尚可知其邊際數量；此二大士於彼佛後，其所供養諸佛如來，我亦不能知其邊際。何以故？此二大士悉已被於不思議鎧，具足無量殊勝功德，是故不能知其邊際。」

爾時，勝華藏菩薩摩訶薩復白佛言：「世尊！彼無量功德寶莊嚴普現妙樂世界，在何方處？」

佛言：「善男子！今此西方極樂世界，即是彼往昔時無量功德寶莊嚴普現妙樂世界。」

勝華藏言：「此二大士，當於何時成就阿耨多羅三藐三菩提果？當得何等佛剎功德莊嚴？而佛壽量其數幾何？復有幾許菩薩之衆？惟願如來、應供、正等正覺，廣為悲愍利樂一切世間天人，宣說此二大士當成佛事，令餘菩薩聞已，悉得大願圓滿。」

佛言：「勝華藏！汝應善聽，極善作意，今為汝說。」是時，勝華藏菩薩受教而聽。

佛言：「善男子！當知西方無量光如來壽命無量，極不可計，假使俱胝那庾多百千劫中，亦復不能說其邊際。其佛正法住世，八萬四千那庾多劫。佛涅槃後，以諸衆生善根力故，亦得值遇餘佛出世。而諸菩薩安住念佛三昧，常得見佛，中無間缺。善男子！又復無量光如來涅槃之後，其說法處，七寶莊嚴妙蓮華樹，自然演出微妙法音。經于一夜至明旦時，觀自在菩薩摩訶薩，即於衆寶莊嚴菩提樹下，安處其座成等正覺。成正覺已，號曰普明高顯吉祥峯王如來、應供、正等正覺、明行足、善逝、世間解、無上士、調御丈夫、天人師、佛、世尊。勝華藏！彼佛剎土功德莊嚴等事，假使我於殑伽沙數劫中，巧以譬喻言詞，而亦不能說其少分。又，善男子！如是佛剎功德莊嚴，若以師子遊戲金光王如來剎土功德莊嚴而較量者，即前百分不及一分，千分、百千分亦不及一，數分、喻分乃至烏波尼殺曇分皆不及一。又彼剎中無有聲聞、緣覺名字，純一清淨大菩薩衆。又，善男子！總以無量光如來會中一切聲聞、緣覺、菩薩，合集較量，而普明高顯吉祥峯王如來會中菩薩之衆，亦復倍多。其佛壽命九十六俱胝那庾多百千劫，正法住世六十俱胝劫。」

勝華藏菩薩白佛言：「世尊！彼佛世界豈不亦以極樂為名邪？」

佛言：「不也！善男子！彼世界名衆寶普嚴，彼佛如來隨其所應，作諸利樂。而此大勢至菩薩摩訶薩於彼法中，隨佛壽量住世久近，承事供養，乃至彼佛入涅槃後，奉持佛法，令法久住。至於最後法欲滅時，大勢至菩薩於其剎中，得成阿耨多羅三藐三菩提果。成正覺已，號曰善住功德寶峯王如來、應供、正等正覺、明行足、善逝、世間解、無上士、調御丈夫、天人師、佛、世尊。其佛剎中所有功德莊嚴等事，菩薩大衆皆悉具足，其佛壽命及正法住世，與普明高顯吉祥峯*王如來皆悉同等，一切圓滿不增不減。」

復次，佛告勝華藏菩薩摩訶薩言：「汝今當知，普明高顯吉祥峯王如來、善住功德寶峯王如來，如是名字，若善男子、善女人暫得聞者，是人當得不退轉於阿耨多羅三藐三菩提。又，勝華藏！若善男子、善女人，得聞過去師子遊戲金光王如來，及彼未來普明高顯吉祥峯王如來、善住功德寶峯王如來名字之者，隨彼聚落族氏之中，一切女人皆轉女身而成男子；四十俱胝劫中，背於生死，轉生當得清淨出家，常得見佛聞法，承事僧伽；世世所生具宿命智，及得總持無礙辯才，不退轉於阿耨多羅三藐三菩提。」

爾時，世尊作是說時，會中有九十六俱胝天人，異口同音作如是言：「南無十方三世一切諸佛，及未來世普明高顯吉祥峯王如來、善住功德寶峯王如來，普集一切諸佛一切善利，我皆隨喜，我等悉發阿耨多羅三藐三菩提心。」

即時，諸佛咸為記言：「汝等當得不退轉於阿耨多羅三藐三菩提。」爾時，會中有七千菩薩得無生法忍，八十四那庾多眾生遠塵離垢得法眼淨，八千苾芻無復諸漏得心解脫。

爾時，觀自在菩薩摩訶薩、大勢至菩薩摩訶薩於此會中，如其所應，現諸色相神通事已，一切眾會皆悉得見。是時，十方無量阿僧祇諸佛世尊見如是相，及聞宣說彼二菩薩當成佛事已，咸共讚言：「希有！世尊！釋迦牟尼如來能善護念；是二菩薩，我等諸佛亦共稱讚。」

復次，勝華藏菩薩摩訶薩白佛言：「世尊！佛所宣說如是甚深微妙經典，若善男子、善女人，有能受持讀誦、為他廣說者，得幾所福？」

佛言：「止！止！善男子！勿致斯問。何以故？諸有劣信解者，於佛所說如是深經不能生信，故我不說。」

勝華藏菩薩白佛言：「世尊！今此會中，亦有廣大具深信解諸善男子、善女人等，惟願如來略為宣說受持功德，與後末世一切眾生作大明照。」

佛言：「勝華藏！諦聽！諦聽！今為汝說。」時，勝華藏菩薩受教而聽。

佛言：「善男子！假使有人，有大勢力，福德具足，悉能了知眾生界分，作如是言：『如佛所說，世界無邊，眾生無盡，我能於彼一切眾生頂肩荷負，經無量無邊俱胝劫數，復能以其飲食、衣服一切樂具，周遍供給一切眾生。』勝華藏！於汝意云何，此人以是因緣得福多不？」

勝華藏白佛言：「甚多！世尊！若有人經一彈指間，於一眾生起慈心者，得福尚多，況如是邪！」

佛言：「勝華藏！我今實言告汝，若有善男子、善女人，於此深經自能生信，勸令他信者，其所得福倍多於彼。又若有人，於此深經能受持讀誦、為他廣說者，當知是人以菩提心而為依止。」

爾時，勝華藏菩薩摩訶薩白佛言：「世尊！如來所說如是深經，若佛現在，若涅槃後，我當受持讀誦、為他廣說，宣通流布使不斷絕。」

勝華藏菩薩發是言時，會中有九十六俱胝菩薩，異口同音作如是言：「世尊！我等於佛所說深經，亦當受持讀誦、為他說廣。」

爾時，娑婆世界主大梵天王、帝釋天主、護世四王，及餘無數諸天子眾，各以天曼陀羅華散於佛上，及以天華散諸菩薩，復作百千俱胝種天妙音樂而為供養。又發是言：「一切眾生得聞如是甚深正法，光明普照得大善利，我等於此法門，咸當受持，宣通流布。」

佛言：「如是！如是！諸善男子！如汝所說。今此正法不可思議，若人曾於十千佛所深種善根，是人方得此經墮手，況復有能受持讀誦，生信解邪！」

復次，佛告勝華藏菩薩摩訶薩言：「今此正法若得聞者，隨彼方處，一切女人轉成男子；唯除二種，謂慳、嫉者。」

卽時，會中有一女人名曰離塵，心生信解，從座而起，前白佛言：「世尊！我今內心已滅慳嫉，我發阿耨多羅三藐三菩提心。若我發心真實無妄，當得成佛，及如佛所言，聞此法時，隨處卽得轉女人相；是事實者，願我轉身得成男子！」

爾時，彼女發如是言已，卽得轉成男子之身。時，佛為授不退轉阿耨多羅三藐三菩提記，當得成佛，號除一切煩惱如來、應供、正等正覺。

佛說此經已，勝華藏等諸菩薩摩訶薩，并諸苾芻衆，乃至世間天、人、阿脩羅等，一切大會聞佛所說，皆大歡喜，信受奉行。

佛說如幻三摩地無量印法門經卷下

觀世音菩薩授記經

觀世音菩薩授記經

宋黃龍國沙門曇無竭譯

如是我聞：一時，佛在波羅奈仙人鹿苑中，與大比丘眾二萬人俱。菩薩萬二千，其名曰：師子菩薩、師子意菩薩、安意菩薩、無喻意菩薩、持地菩薩、般羅達菩薩、神天菩薩、實事菩薩、伽睺多菩薩、賢力菩薩、明天菩薩、愛喜菩薩、文殊師利菩薩、智行菩薩、專行菩薩、現無礙菩薩、彌勒菩薩，如是等上首，菩薩摩訶薩萬二千人俱。復有二萬天子，善界天子、善住天子等以為上首，皆住大乘。爾時，世尊與無量百千眷屬圍遶而為說法。

爾時，會中有一菩薩名華德藏，即從坐起，偏袒右肩，右膝著地，合掌向佛而作是言：「惟願世尊賜我中間，欲有所問。」

佛告華德藏菩薩：「恣汝所問，諸有疑者吾已知之，當為解說令汝歡喜。」

爾時，華德藏白佛言：「世尊！菩薩摩訶薩云何不退轉於阿耨多羅三藐三菩提及五神通，得如幻三昧？⊙得是三昧☆，以善方便能化其身，隨眾形類所成善根而為說法，令得阿耨多羅三藐三菩提？」

佛告華德藏菩薩摩訶薩：「善哉！善哉！能於如來等正覺前問如是義。汝華德藏已於過去諸佛殖諸善根，供養無數百千萬億諸佛世尊，於諸眾生興大悲心。善哉！華德藏！諦聽！諦聽！善思念之，當為汝說。」

對曰：「唯然！願樂欲聞。」

佛告華德藏菩薩摩訶薩：「成就一法，得如幻三昧，得是三昧，以善方便能化其身，隨眾形類所成善根而為說法，令得阿耨多羅三藐三菩提。何等一法？謂無依止，不依三界，亦不依內，又不依外。於無所依得正觀察，正觀察已便得正盡，而於覺知無所損減，以無減心悉度正慧。謂一切法從緣而起，虛假而有；一切諸法因緣而生，若無因緣無有生法；雖一切法從因緣生，而無所生。如是通達無生法者，得入菩薩真實之道，亦名得入大慈悲心，憐愍度脫一切眾生。善能深解如是義已，則知一切諸法如幻，但以憶想語言造化法耳！然此憶想語言造化諸法究竟悉空，善能通達諸法空已，是名逮得如幻三昧。得三昧已，以善方便能化其身，隨眾形類*所成善根而為說法，令得阿耨多羅三藐三菩提。」

爾時，華德藏菩薩摩訶薩白佛言：「世尊！於此眾中，頗有菩薩得是三昧乎？」

佛言：「有！今是會中彌勒菩薩、文殊師利等六十正士不可思議大誓莊嚴，得是三昧。」

又白佛言：「世尊！唯此世界菩薩得是三昧，他方世界復有菩薩成就如是如幻三昧？」

佛告華德藏：「西方過此億百千剎，有世界名安樂，其國有佛，號阿彌陀如來、應供、正遍知，今現在說法。彼有菩薩，一名觀世音，二名得大勢，得是三昧。復次，華德藏！若有菩薩從彼正士，七日七夜聽受是法，便逮得如幻三昧。」

華德藏菩薩白佛言：「世尊！彼國應有無量菩薩得是三昧。何以故？其餘菩薩生彼國者，皆當往至彼正士所，聽受是法。」

佛言：「如是！如是！如汝所言，有無量阿僧祇菩薩摩訶薩，從彼正士得是三昧。」

華德藏菩薩白佛言：「善哉！世尊！如來、應供、正遍知願以神力，令彼正士至此世界，又令彼此兩得相見。何以故？以彼正士至此剎故，善男子、善女人成善根者，聞其說法，得是三昧。又願見彼安樂世界阿彌陀佛，令此善男子、善女人發阿耨多羅三藐三菩提心，願生彼國，生彼國已，*終不退轉阿耨多羅三藐三菩提。」

爾時，世尊受彼請已，即放眉間白毫相光，遍照三千大千國土。於此世界草木、土石、須彌山王、目真隣陀山、大目真隣陀山、斫迦羅山、大斫迦羅山，乃至世界中間幽冥之處，普皆金色莫不大明，日月暉曜及大力威光悉不復現。遍照西方億百千剎，乃至安樂世界悉皆金色，大光右遶彼佛七匝，於如來前廓然不現。彼國眾生、菩薩、聲聞，悉見此土及釋迦文與諸大眾圍遶說法，猶如掌中觀阿摩勒果，皆生愛樂歡喜之心，唱如是言：「南無釋迦如來、應供、正遍知。」

於此眾會比丘、比丘尼、優婆塞、優婆夷，天、龍、夜叉、乾闥婆、阿修羅、迦樓羅、緊那羅、摩睺羅伽、人非人等，釋、梵、四天王、菩薩、聲聞，皆見安樂世界阿彌陀佛，菩薩、聲聞眷屬圍遶，晃若寶山高顯殊特，威光赫奕普照諸剎。如淨目人於一尋內，覩人面貌明了無礙。既見是已，歡喜踊躍唱如是言：「南無阿彌陀如來、應供、正遍知。」時，此眾中八萬四千眾生皆發阿耨多羅三藐三菩提心，及種善根願生彼國。

爾時，安樂世界菩薩、聲聞見此剎已，怪未曾有，歡喜合掌，禮釋迦牟尼如來、應供、正遍知，作如是言：「南無釋迦牟尼佛，能為菩薩、聲聞說如是法。」

爾時，安樂世界六種震動：動、遍動、等遍動，搖、遍搖、等遍搖，震、遍震、等遍震。

爾時，觀世音及得大勢菩薩摩訶薩白彼佛言：「甚奇！世尊！釋迦如來現希有事。何以故？彼釋迦牟尼如來、應供、正遍知少現名號，令無*量大地六種震動。」

爾時，阿彌陀佛告彼菩薩：「釋迦牟尼不但此土現其名號，其餘無量諸佛世界悉現名號，大光普照，六種震動亦復如是。彼諸世界無量阿僧祇衆生，聞釋迦牟尼稱譽名號，善根成就，皆得不退轉於阿耨多羅三藐三菩提。」

時，彼衆中四十億菩薩，聞釋迦牟尼如來、應供、等正覺名號，同聲發願，善根迴向阿耨多羅三藐三菩提。佛即授記，當得阿耨多羅三藐三菩提。

爾時，觀世音及得大勢菩薩摩訶薩詣彼佛所，頭面禮足，恭敬合掌，於一面住，白佛言：「世尊！釋迦牟尼放此光明，何因何緣？」

爾時，彼佛告觀世音：「如來、應供、等正覺放斯光明，非無因緣。何以故？今日釋迦牟尼如來、應供、正遍知將欲演說菩薩珍寶處三昧經，故先現瑞。」

爾時，觀世音及得大勢菩薩摩訶薩白佛言：「世尊！我等欲詣娑婆世界，禮拜、供養釋迦牟尼佛，聽其說法。」

佛言：「善男子！宜知是時。」

時，二菩薩即相謂言：「我等今日定聞彼佛所說妙法。」

時，二菩薩受佛教已，告彼四十億菩薩眷屬：「善男子！當共往詣娑婆世界，禮拜、供養釋迦牟尼佛，聽受正法。何以故？釋迦牟尼如來、應供、等正覺能為難事，捨淨妙國，以本願力興大悲心，於薄德少福、增貪恚癡、濁惡世中成阿耨多羅三藐三菩提，而為說法。」

說是語時，菩薩、聲聞同聲歎言：「彼土眾生得聞釋迦牟尼如來、應供、正遍知名號，快得善利，何況得見發歡喜心！世尊！我等當共詣彼世界，禮拜、供養釋迦牟尼佛。」

佛言：「善男子！宜知是時。」

爾時，觀世音及得大勢菩薩摩訶薩，與四十億菩薩前後圍遶，於彼世界以神通力各為眷屬，化作四十億莊嚴寶臺。是諸寶臺縱廣十二由旬，端嚴微妙。其寶臺上，有處黃金，有處白銀，有處琉璃，有處頗梨，有處赤珠，有處車璖，有處馬瑙；有處二寶，黃金、白銀；有處三寶，金、銀、琉璃；有處四寶，黃金、白銀、琉璃、頗梨;有處五寶,金、銀、琉璃、頗梨、赤珠;有處六寶,黃金、白銀、琉璃、頗梨、車璖、赤珠;有處七寶,乃至馬瑙。又以赤珠、栴檀、優鉢羅、鉢曇摩、拘物頭、分陀利而莊嚴之。又雨須曼那華、瞻蔔花、波羅羅花、阿提目多花、羅尼花、瞿羅尼花、曼陀羅花、摩訶曼陀羅花、波樓沙花、摩訶波樓沙花、曼殊沙花、摩訶曼殊沙花、盧遮那花、摩訶盧遮那花、遮迦花、摩訶遮迦花、蘇樓至遮迦花、栴那花、摩訶栴那花、蘇樓至栴檀那花、栴奴多羅花、他邏花、摩訶他邏花。其寶臺上種種雜色斑爛煒曄,清淨照耀。

諸寶臺上,有化玉女八萬四千,或執箜篌、琴瑟、箏笛、琵琶、鼓貝,如是無量衆寶樂器,奏微妙音,儼然而住。或有玉女執赤栴檀香、沈水栴檀香,或執黑沈水栴檀香,儼然而住。或有玉女執優波羅、波頭摩、拘物頭、分陀利華,儼然而住。或有玉女執曼陀羅花、摩訶曼陀羅花、波樓沙花、摩訶波樓沙花、盧遮那花、摩訶盧遮那花、栴那花、摩訶栴那花、蘇樓至栴那花、遮迦花、摩訶遮迦花、蘇樓至遮迦花、陀羅花、摩訶陀羅花、蘇樓至陀羅花,莊嚴而住。或有玉女執一切花果，儼然而住。

諸寶臺上衆寶莊嚴師子之座，座上皆有化佛，三十二相、八十種好而自嚴身，臺上各懸八萬四千青、黃、赤、白、雜真珠貫。諸寶臺上，各有八萬四千衆妙寶瓶，盛滿末香列置其上。諸寶臺上，各有八萬四千衆寶妙蓋彌覆其上。諸寶臺上，各有八萬四千衆寶樹殖⊙立其上。諸寶臺上，各有八萬四千寶鈴羅覆其上。諸寶樹間有七寶池、八功德水盈滿其中，青、黃、赤、白、雜寶蓮花，光色鮮映。微風吹動，衆寶行樹出微妙音，其音和雅踰於天樂。諸寶臺上，各有八萬四千衆妙寶繩，連綿樹間。一一寶臺，光明照耀八萬四千由旬，莫不大明。

爾時，觀世音及得大勢菩薩摩訶薩，與其眷屬八千億衆諸菩薩俱，莊嚴寶臺悉皆同等，譬如力士屈伸臂頃，從彼國沒至此世界。時，彼菩薩以神通力令此世界地平如水，與八十億菩薩前後圍遶，以大功德莊嚴成就，端嚴殊特無可為喻，光明遍照娑婆世界。是諸菩薩詣釋迦牟尼佛所，頭面禮足，右遶七匝，却住一面，白佛言：「世尊！阿彌陀佛問訊世尊：少病少惱，起居輕利，安樂行不？」

又現彼土莊嚴妙事時，此菩薩及聲聞眾見此寶臺眾妙莊嚴，歎未曾有，各作是念：「此諸寶臺莊嚴微妙，從安樂國至此世界，為是佛力、菩薩力耶？」

爾時，華德藏菩薩承佛神力，白佛言：「甚奇！世尊！未曾有也。今此娑婆世界，眾妙寶臺莊嚴如是，是誰威力？」

佛言：「是觀世音及得大勢神通之力，於此世界現大莊嚴。」

「甚奇！世尊！不可思議。彼善男子願行清淨，能以神力莊嚴寶臺，現此世界。」

佛言：「如是！如是！如汝所說。彼善男子已於無數億那由他百千劫中，淨諸善根，得如幻三昧；住是三昧，能以神通變化現如是事。又，華德藏！汝今且觀東方世界為何所見？」

時，華德藏即以菩薩種種天眼，觀于東方恒河沙等諸佛世界，見彼佛前皆有觀世音及得大勢，莊嚴如前，恭敬供養皆稱：「阿彌陀佛問訊世尊：少病少惱，起居輕利，安樂行不？」南西北方、四維上下亦復如是。

爾時，華德藏菩薩見是事已，歡喜踊躍得未曾有，而白佛言：「甚奇！世尊！今此大士乃能成就如是三昧。何以故？今此正士能現莊嚴是諸佛剎。」

爾時，世尊即以神力，令此眾會見是事已，三萬二千人發阿耨多羅三藐三菩提心。華德藏菩薩白佛言：「世尊！是二正士久如發阿耨多羅三藐三菩提心，於何佛所？唯願說之，令諸菩薩修此願行，具足成就。」

佛言：「諦聽！善思念之，當為汝說。」

「善哉！世尊！願樂欲聞。」

佛言：「乃往過去廣遠無量不可思議阿僧祇劫，我於爾時為百千王。時，初大王劫欲盡時，有世界名無量德聚安樂示現，其國有佛，號金光師子遊戲如來、應供、正遍知、明行足、善逝、世間解、無上士、調御丈夫、天人師、佛、世尊。是佛剎土所有清淨嚴飾之事，今為汝說。於意云何？安樂世界阿彌陀佛國土所有嚴淨之事，寧為多不？」

答曰：「甚多！不可思議，難可具說。」

佛告華德藏：「假使有人分析一毛以為百*分，以一分毛渧大海水，於意云何？一毛端水於大海水，何者為多？」

答曰：「海水甚多，不可為譬。」

「如是，華德藏！應作是知，阿彌陀國莊嚴之事如毛端水，金光師子遊戲佛國如大海水，聲聞、菩薩差降亦爾。彼金光師子遊戲如來亦為眾生說三乘法，我於恒沙等劫說此佛國功德莊嚴，菩薩、聲聞快樂之事，猶不能盡。

「爾時，金光師子遊戲如來法中有王，名曰威德，王千世界正法治化，號為法王。其威德王多諸子息，具二十八大人之相，是諸王子皆悉住於無上之道。王有七萬六千園觀，其王諸子遊戲其中。」

華德藏白佛言：「世尊！彼佛剎土有女人耶？」

佛言：「善男子！彼佛國土尚無女名，何況有實！其國眾生淨修梵行，純一化生，禪悅為食。

「彼威德王於八萬四千億歲，奉事如來不習餘法，佛知至心，即為演說無量法印。何等為無量法印？華德藏菩薩！凡所修行應當發於無量誓願。何以故？菩薩摩訶薩布施無量，持戒無量，忍辱無量，精進無量，禪定無量，智慧無量，所行六度攝生死無量，慈愍衆生無量，莊嚴淨土無量，音聲無量，辯才無量。華德藏！乃至一念善*根應迴向無量。云何迴向無量？如迴向一切衆生，令一切衆生得無生證，以佛涅槃而般涅槃，是名迴向無量。無*量空，無量無相，無量無願，無量無行，如是無欲、實際、法性、無生、無著、解脫、涅槃無量。善男子！我但略說諸法無量，何以故？以一切法無有限量。

「復次，華德藏！彼威德王於其園觀入于三昧。其王左右有二蓮花從地踊出，雜色莊嚴，其香芬馥如天栴檀。有二童子化生其中，加趺而坐，一名寶意，二名寶上。時，威德王從禪定起，見二童子坐蓮華藏，以偈問曰：

汝為天龍王？　夜叉鳩槃茶？　為人為非人？　願說其名號。

「時，王右面童子以偈答曰：

一切諸法空，　云何問名號？　過去法已滅，　當來法未生，

現在法不住，　仁者問誰名？　空法亦非人，　非龍非羅剎，
人與非人等，　一切不可得。
「左面童子而說偈言：
名名者悉空，　名名不可得，　一切法無名，　而欲問名字。
欲求真實名，　未曾所見聞，　夫生法即滅，　云何而問名？
說名字語言，　皆是假施設，　我名為寶意，　彼名為寶上。
「華德藏！是二童子說是偈已，與威德王俱詣佛所，頭面禮足，右遶七匝，
合掌恭敬於一面住。時，二童子即共同聲，以偈問佛：
云何為供養，　無上兩足尊？　願說其義趣，　聞者當奉行。
花香衆伎樂，　衣食藥臥具，　如是等供養，　云何為最勝？
「爾時，彼佛即為童子而說偈言：
當發菩提心，　廣濟諸群生，　是則供正覺，　三十二明相。
設滿恒沙剎，　珍妙莊嚴具，　奉獻諸如來，　及歡喜頂戴。

不如以慈心，迴向於菩提，是福為最勝，無量無有邊。
餘供無過者，超踰不可計，如是菩提心，必成等正覺。

「時，二童子復說偈言：

諸天龍鬼神，聽我師子吼，今於如來前，弘誓發菩提：
生死無量劫，本際不可知，為一眾生故，爾數劫行道。
況此諸劫中，度脫無量眾，修行菩提道，而生疲惓心！
我若從今始，起於貪欲心，是則為欺誑，十方一切佛。
瞋恚愚癡垢，慳嫉亦復然，今我說實語，遠離於虛妄。
我若於今始，起於聲聞心，不樂修菩提，是則欺世尊。
亦不求緣覺，自濟利己身，當於萬億劫，大悲度眾生。
如今日佛土，清淨妙莊嚴，令我得道時，超踰億百千。
國無聲聞眾，亦無緣覺乘，純有諸菩薩，其數無限量。
眾生淨無垢，悉具上妙樂，出生於正覺，總持諸法藏。

此誓若誠實，　當動大千界。　說如是偈已，　應時普震動，
百千眾伎樂，　演發和雅音，　光耀微妙服，　旋轉而來降。
諸天於空中，　雨散眾末香，　其香普流熏，　悅可眾生心。」

佛告華德藏：「於汝意云何？爾時威德王者，豈異人乎？我身是也。時二童子，今觀世音及得大勢菩薩摩訶薩是也。善男子！是二菩薩於彼佛所，初發阿耨多羅三藐三菩提心。」

爾時，華德藏白佛言：「甚奇！世尊！是善男子未曾發心，成就如是甚深智慧，了達名字悉不可得。世尊！是二正士於彼先佛已曾供養，作諸功德？」

「善男子！此恒河沙悉可知數，而此大士先供養佛，種諸善根不可稱計，雖未發於菩提之心，而以不可思議而自莊嚴，於諸眾生為最勇猛。」

爾時，華德藏菩薩白佛言：「世尊！其無量德聚安樂示現國土，為在何方？」

佛言：「善男子！今此西方安樂世界，當於爾時，號無量德聚安樂示現。」

華德藏菩薩白佛言：「世尊！願為解說，令無量眾生得大利益，是觀世音於

何國土成等正覺？世界莊嚴、光明、名號、聲聞、菩薩、壽命所有，乃至成佛，其事云何？若世尊說是菩薩先所行願，其餘菩薩聞是願已，必當修行而得滿足。」

佛言：「善哉！諦聽！當為汝說。」

對曰：「唯然！願樂欲聞。」

佛言：「善男子！阿彌陀佛壽命無量百千億劫，當有終極。善男子！當來廣遠不可計劫，阿彌陀佛當般涅槃，般涅槃後，正法住世等佛壽命；在世滅後，所度衆生悉皆同等。佛涅槃後，或有衆生不見佛者，有諸菩薩得念佛三昧，常見阿彌陀佛。復次，善男子！彼佛滅後，一切寶物、浴池、蓮花、衆寶行樹，常演法音，與佛無異。善男子！阿彌陀佛正法滅後，過中夜分明相出時，觀世音菩薩於七寶菩提樹下，結加趺坐成等正覺，號普光功德山王如來、應供、正遍知、明行足、善逝、世間解、無上士、調御丈夫、天人師、佛、世尊。其佛國土，自然七寶衆妙合成，莊嚴之事，諸佛世尊於恒沙劫說不能盡。善男子！我於今者為汝說譬，彼金光師子遊戲如來國土莊嚴之事，方於普光功德山王如來國土，百萬千倍、億倍、億兆載倍，乃至算數所不能及。其佛國土無有聲聞、緣覺之名，純諸菩薩充滿其國。」

華德藏白佛言：「世尊！彼佛國土名安樂耶？」

佛言：「善男子！其佛國土號曰眾寶普集莊嚴。善男子！普光功德山王如來隨其壽命，得大勢菩薩親覲供養，至于涅槃；般涅槃後，奉持正法，乃至滅盡。法滅盡已，即於其國，成阿耨多羅三藐三菩提，號曰善住功德寶王如來、應供、正遍知、明行足、善逝、世間解、無上士、調御丈夫、天人師、佛、世尊。如普光功德山王如來國土，光明、壽命、菩薩眾乃至法住，等無有異。若善男子、善女人聞善住功德寶王如來名者，皆得不退於阿耨多羅三藐三菩提。又，善男子！若有女人得聞過去金光師子遊戲如來、善住功德寶王如來名者，皆轉女身，卻四十億劫生死之罪，皆不退轉於阿耨多羅三藐三菩提，常得見佛，聞受正法，供養眾僧。捨此身已，⊙當得☆出家，成無礙辯，速得總持。」

爾時，會中六十億眾同聲歎言：「南無十方般涅槃佛。」同心共議發阿耨多羅三藐三菩提⊙心，佛即受記當成阿耨多羅三藐三菩提。復有八萬四千那由他眾生遠塵離垢，於諸法中得法眼淨，七千比丘漏盡意解。

爾時，觀世音及得大勢菩薩，即以神力令此眾會悉見十方無數諸佛世尊，皆為授其阿耨多羅三藐三菩提記，見已歎言：「甚奇！世尊！是諸如來為此大士授如是記。」

爾時，華德藏菩薩白佛言：「世尊！若善男子、善女人，於此如來甚深經典受持讀誦、解說書寫、廣宣流布，得幾所福？唯願如來分別解說。何以故？當來惡世薄德眾生，於此如來甚深經典而不信受，以是因緣，長夜受苦難得解脫。世尊！唯願說之，憐愍利益諸眾生故。世尊！今此會中多有利根善男子、善女人，於當來世而作大明。」

佛言：「華德藏！善哉！諦聽！當為汝說。」

對曰：「受教！願樂欲聞。」

佛言：「若善男子以三千大千世界一切眾生置兩肩上，盡其形壽隨所須欲衣食、臥具、床褥、湯藥而供養之，所得功德，寧為多不？」

「甚多！世尊！若以慈心，供一衆生隨其所須，功德無量，何況一切！」

佛言：「若善男子、善女人於此經典受持讀誦、解說書寫、種種供養、廣宣流布、發菩提心，所得功德，百千萬倍不可為譬。」

華德藏菩薩白佛言：「世尊！我從今日於此如來所說經典，及過去當來三佛名號，常當受持讀誦、解說書寫、廣宣流布，遠離貪、恚、癡心，發阿耨多羅三藐三菩提，終不虛妄。世尊！⊙設我成佛[1]，若有女人聞如是法，現轉女身。轉女身已，當為授記得阿耨多羅三藐三菩提，號曰離垢多陀阿伽度、阿羅呵、三藐三佛陀。」

說是經已，華德藏菩薩摩訶薩及諸比丘、比丘尼、菩薩、聲聞，天、龍、夜叉、乾闥婆、阿修羅、迦樓羅、緊那羅、摩睺羅伽、人非人等，聞佛所說，皆大歡喜。

觀世音菩薩授記經

佛說大乘莊嚴寶王經

佛說大乘莊嚴寶王經卷第一

中印度惹爛馱囉國密林寺三藏
賜紫沙門臣天息災奉　制譯

如是我聞：一時，世尊在舍衛國祇樹給孤獨園，與大苾芻衆千二百五十人俱，并諸菩薩摩訶薩衆，其名曰：金剛手菩薩摩訶薩、智見菩薩摩訶薩、金剛軍菩薩摩訶薩、祕密藏菩薩摩訶薩、虛空藏菩薩摩訶薩、日藏菩薩摩訶薩、無動菩薩摩訶薩、寶手菩薩摩訶薩、普賢菩薩摩訶薩、證真常菩薩摩訶薩、除蓋障菩薩摩訶薩、大勤勇菩薩摩訶薩、藥王菩薩摩訶薩、觀自在菩薩摩訶薩、執金剛菩薩摩訶薩、海慧菩薩摩訶薩、持法菩薩摩訶薩等八十俱胝菩薩，皆來集會。

是時，復有三十二諸天子衆皆來集會，大自在天及那羅延天而為上首，帝釋天王、索訶世界主大梵天王、日天、月天、風天、水天，如是諸天衆等，皆來集會。

復有百千龍王，所謂：阿鉢邏羅龍王、噎攞鉢怛哩(合二)龍王、底銘⿰口疑⿰口隸龍王、主地龍王、百頭龍王、虎虜紦拏龍王、得叉計龍王、牛頭龍王、鹿頭龍王、難陀龍王、跋難陀龍王、魚子龍王、無熱惱龍王、娑蘖哩拏龍王，如是諸龍王等，皆來集會。

復有百千彥達嚩王，所謂：鼓音彥達嚩王、妙聲彥達嚩王、千臂彥達嚩王、王主彥達嚩王、身歡喜彥達嚩王、種種樂音彥達嚩王、莊嚴彥達嚩王、現童子身彥達嚩王、妙臂彥達嚩王、法樂彥達嚩王，如是等諸彥達嚩王，皆來集會。

復有百千緊那囉王，所謂：妙口緊那囉王、寶冠緊那囉王、熙怡緊那囉王、歡喜緊那囉王、輪莊嚴緊那囉王、珠寶緊那囉王、大腹緊那囉王、堅固精進緊那囉王、妙勇緊那囉王、百口緊那囉王、大樹緊那囉王，如是等諸緊那囉王，皆來集會。

復有百千天女，所謂：最上天女、妙嚴天女、金帶天女、莊嚴天女、聞持天女、甘露月天女、清淨身天女、寶光天女、花身天女、天面天女、口演五樂音天女、快樂天女、金鬘天女、青蓮華天女、宣法音天女、妙樂天女、樂生天女、妙嚴相天女、嚴持天女、布施天女、潔已天女，如是諸天女等，亦來集會。

復有百千諸龍王女，所謂：妙嚴持龍女、母呰鄰那龍女、三髻龍女、和容龍女、勝吉祥龍女、電眼龍女、電光龍女、妙山龍女、百眷屬龍女、大藥龍女、月光龍女、一首龍女、百臂龍女、受持龍女、無煩惱龍女、善莊嚴龍女、白雲龍女、乘車龍女、未來龍女、多眷屬龍女、海腹龍女、蓋面龍女、法座龍女、妙手龍女、海深龍女、妙高吉祥龍女，如是諸龍女等，亦來集會。

復有百千彥達嚩女，所謂：愛面彥達嚩女、愛施彥達嚩女、無見彥達嚩女、妙吉祥彥達嚩女、金剛鬘彥達嚩女、妙鬘彥達嚩女、樹林彥達嚩女、百花彥達嚩女、花敷彥達嚩女、寶鬘彥達嚩女、妙腹彥達嚩女、吉祥王彥達嚩女、鼓音彥達嚩女、妙莊嚴彥達嚩女、豐禮彥達嚩女、法愛彥達嚩女、法施彥達嚩女、青蓮華彥達嚩女、百手彥達嚩女、蓮華吉祥彥達嚩女、大蓮華彥達嚩女、體清淨彥達嚩女、自在行彥達嚩女、施地彥達嚩女、施果彥達嚩女、師子步彥達嚩女、炬母那花彥達嚩女、妙意彥達嚩女、惠施彥達嚩女、天語言彥達嚩女、愛忍辱彥達嚩女、樂真寂彥達嚩女、寶牙彥達嚩女、帝釋樂彥達嚩女、世主眷屬彥達嚩女、鹿王彥達嚩女、變化吉祥彥達嚩女、焰峯彥達嚩女、貪解脫彥達嚩女、瞋解脫彥達嚩女、癡解脫彥達嚩女、善知識眷屬彥達嚩女、寶座彥達嚩女、往來彥達嚩女、火光彥達嚩女、月光彥達嚩女、遍照眼彥達嚩女、金耀彥達嚩女、樂善知識彥達嚩女，如是等諸彥達嚩女，亦來集會。

復有百千緊那囉女，所謂：一意緊那囉女、深意緊那囉女、風行緊那囉女、水行緊那囉女、乘空緊那囉女、迅疾緊那囉女、財施緊那囉女、妙牙緊那囉女、無動吉祥緊那囉女、染界緊那囉女、熾盛光遍緊那囉女、妙吉祥緊那囉女、寶篋緊那囉女、觀財緊那囉女、端嚴緊那囉女、金剛面緊那囉女、金色緊那囉女、殊妙莊嚴緊那囉女、廣額緊那囉女、圍遶善知識緊那囉女、主世緊那囉女、虛空護緊那囉女、莊嚴王緊那囉女、珠髻緊那囉女、總持珠緊那囉女、明人圍遶緊那囉女、百名緊那囉女、施壽緊那囉女、護持佛法緊那囉女、法界護緊那囉女、上莊嚴緊那囉女、刹那上緊那囉女、求法常持緊那囉女、時常見緊那囉女、無畏緊那囉女、趣解脫緊那囉女、常祕密緊那囉女、駛總持緊那囉女、釖光焰緊那囉女、地行緊那囉女、護天主緊那囉女、妙天主緊那囉女、寶王緊那囉女、忍辱部緊那囉女、行施緊那囉女、多住處緊那囉女、持戰器緊那囉女、妙嚴緊那囉女、妙意緊那囉女，如是等諸緊那囉女，亦來集會。

復有百千鄔波索迦、鄔波斯迦亦來集會，及餘無數在家出家之衆，百千異見外道尼乾他等，亦皆來於大集會中。

是時，大阿鼻地獄出大光明，其光遍照祇陀林園，其園悉皆變成清淨，現天摩尼寶莊嚴柱微妙圓滿，現大樓閣金寶校飾。復現諸房，現黃金房，白銀為門；現白銀房，黃金為門。現金、銀間錯房，金、銀間錯以為其門。現金、銀間錯寶莊嚴殿，金、銀間錯妙寶莊嚴以為其柱。現黃金殿，白銀為柱；現白銀殿，黃金為柱；或白銀殿，天諸妙寶以嚴其柱。祇陀林樹上，現種種天妙衆寶而為莊嚴。復現黃金劫樹，白銀為葉，其樹上有種種莊嚴，懸挂百種上妙衣服嬌奢耶等。復有百千真珠、瓔珞、寶網羅上，復有百千上妙寶冠、珥璫、繒帶、玲瓏雜寶而嚴飾之，復有上妙雜華、上妙臥具、微妙寶篋以為嚴飾，如是種種莊嚴劫樹出現，其數而有百千。

其祇陀林衆園門樓，金剛妙寶以為階陛，其樓上有無數殊妙繒綵、真珠、瓔珞，如是莊嚴。復有百千上妙寶池，八功德水充滿其中，而有上妙圓滿雜華，所謂：優鉢羅華、矩母那華、奔拏哩引迦華、曼那囉華、摩訶曼那囉華、優曇鉢羅華等，盈滿池中。復有種種上妙華樹，所謂：瞻波迦華樹、迦囉尾囉華樹、波吒攞華樹、妙解脫華樹、香雨華樹、妙意華樹，有如是等悅意華樹，其祇樹園現如是等希有淨妙莊嚴之相。

是時，會中有除蓋障菩薩摩訶薩從座而起，偏袒右肩，右膝著地，合掌恭敬，瞻仰尊顏而白佛言：「希有！世尊！我今心中而有疑事，欲問如來，唯願世尊聽我所問。世尊！今於此處有大光明，為從何來？以何因緣而現如是希奇之相？」

爾時，世尊告除蓋障菩薩言：「善男子！汝等諦聽！吾當為汝分別解說。此大光明是聖觀自在菩薩摩訶薩入大阿鼻地獄之中，為欲救度一切受大苦惱諸有情故。救彼苦已，復入大城，救度一切餓鬼之苦。」

是時，除蓋障菩薩摩訶薩復白佛言：「世尊！其大阿鼻地獄，周圍鐵城，地復是鐵，其城四周無有間斷，猛火煙焰恒時熾燃。如是惡趣地獄之中，有大鑊湯，其水湧沸，而有百千俱胝那庾多有情，悉皆擲入鑊湯之中；譬如水鍋煎煮諸豆，盛沸之時，或上或下，而無間斷，煮之糜爛，阿鼻地獄其中有情受如是苦。世尊！聖觀自在菩薩摩訶薩，以何方便入於其中？」

世尊復告除蓋障菩薩摩訶薩言：「善男子！由如轉輪聖王入天摩尼寶園，如是，善男子！聖觀自在菩薩摩訶薩入大阿鼻地獄之時，其身不能有所障礙。時，阿鼻地獄一切苦具，無能逼切菩薩之身，其大地獄，猛火悉滅成清涼地。是時，獄中閻魔獄卒心生驚疑，怪未曾有：『何故此中忽然變成如是非常之相？』是時，觀自在菩薩摩訶薩入其獄中，破彼鑊湯，猛火悉滅，其大火坑變成寶池，池中蓮華大如車輪。

「是時，閻魔獄卒見是事已，將諸治罰器杖：弓劍、鎚棒、弓箭、鐵輪、三股叉等，往詣閻魔天子。到已白言：『大王決定能知，我此業報之地，以何事故悉皆滅盡？』時，閻魔天子言：『云何汝所業報之地，悉皆滅盡？』復白閻魔天子言：『彼大阿鼻地獄變成清涼，如是事時，有一色相端嚴之人，髮髻頂戴天妙寶冠，莊嚴其身，入地獄中，鑊湯破壞，火坑成池，池中蓮華大如車輪。』是時，閻魔天子諦心思惟：『是何天人威力如是？為大自在天、為那羅延等，到彼地獄變現如是不可思議？為是大力十頭羅剎威神變化耶？』

「爾時，閻魔天子以天眼通觀此天上。觀諸天已，是時，復觀阿鼻地獄，見觀自在菩薩摩訶薩。如是見已，速疾往詣觀自在菩薩摩訶薩所。到已頭面禮足，發誠實言，以偈讚曰：

歸命蓮華王，　大悲觀自在，　大自在吉祥，　能施有情願。

具大威神力，降伏極暴惡，暗趣為明燈，覩者皆無畏。
示現百千臂，其眼亦復然，具足十一面，智如四大海。
愛樂微妙法，為救諸有情，龜魚水族等，最上智如山，
施寶濟羣生，最上大吉祥，具福智莊嚴。入於阿鼻獄，
變成清涼地，諸天皆供養，頂禮施無畏。說六波羅蜜，
恒燃法燈炬，法眼逾日明。端嚴妙色相，身相如金山，
妙腹深法海，真如意相應。妙德口中現，積集三摩地，
無數百千萬，有無量快樂。端嚴最上仙，恐怖惡道中，
枷鎖得解脫，施一切無畏，眷屬衆圍遶，所願皆如意，
如獲摩尼寶。破壞餓鬼城，開為寂靜道，救度世間病，
如蓋覆於幢。難陀跋難陀，二龍為絡腋，手執不空索，
現無數威德，能破三界怖。金剛手藥叉，羅刹及步多，
尾多拏枳儞，及與栱畔拏，阿鉢娑麼囉，悉皆懷恐怖。

優鉢羅華眼，　明主施無畏，　一切煩惱等，　種種皆解脫。
入於微塵數，　百千三摩地，　開示諸境界，　一切惡道中，
皆令得解脫，　成就菩提道。

「是時，閻魔天子種種讚歎、供養觀自在菩薩摩訶薩已，旋遶三匝，却還本處。」

爾時，除蓋障菩薩復白佛言：「世尊！彼觀自在菩薩摩訶薩救是苦已，還來於此會中耶？」

佛告除蓋障菩薩言：「善男子！彼觀自在菩薩從大阿鼻地獄出已，復入餓鬼大城，其中有無數百千餓鬼，口出火焰，燒燃面目，形體枯瘦，頭髮蓬亂，身毛皆豎，腹大如山，其咽如針。是時，觀自在菩薩摩訶薩往詣餓鬼大城，其城熾燃業火悉滅，變成清涼。時，有守門鬼將執熱鐵棒，醜形巨質，兩眼深赤，發起慈心：『我今不能守護如是惡業之地。』是時，觀自在菩薩摩訶薩起大悲心，於十指端各各出河，又於足指亦各出河，一一毛孔皆出大河，是諸餓鬼飲其中水，飲

是水時，咽喉寬大，身相圓滿，復得種種上味飲食，悉皆飽滿。

「此諸餓鬼既獲如是利益安樂，各各心中審諦思惟：『南贍部洲人何故常受清涼安隱快樂？』其中或有善能常行恭敬孝養父母者，或有善能惠施遵奉善知識者，或有聰慧明達常好大乘者，或有善能行八聖道者，或有善能擊法犍稚者，或有善能修破壞僧伽藍者，或有善能修故佛塔者，或有善能修破損塔相輪者，或有善能供養尊重法師者，或有善能見如來經行處者，或有善能見菩薩經行處者，或有善能見辟支佛經行處者，或有善能見阿羅漢經行處者，作是思惟：『南贍部洲有如是等修行之事。』

「是時，此大乘莊嚴寶王經中，自然出微妙聲，是諸餓鬼得聞其聲，所執身見雖如山峯及諸煩惱，金剛智杵破壞無餘，便得往生極樂世界，皆為菩薩，名隨意口。是時，觀自在菩薩摩訶薩救斯苦已，又往他方諸世界中救度有情。」

是時，除蓋障復白佛言：「世尊！觀自在菩薩摩訶薩來於此處救度有情耶？」

世尊告言：「善男子！是觀自在菩薩救度無數百千俱胝那庾多有情，恒無間息，具大威力，過於如來。」

除蓋障白言：「世尊！觀自在菩薩摩訶薩云何有如是大威神力？」

佛告：「善男子！於過去劫有佛出世，名尾鉢尸如來、應供、正遍知、明行足、善逝、世間解、無上士、調御丈夫、天人師、佛、世尊。我於是時，於一長者家為子，名妙香口，於彼佛所聞是觀自在菩薩威神功德。」

時，除蓋障白言：「世尊！所聞觀自在菩薩摩訶薩威神功德，其事云何？」

世尊告言：「觀自在菩薩於其眼中而出日月，額中出大自在天，肩出梵王天，心出那羅延天，牙出大辯才天，口出風天，臍出地天，腹出水天，觀自在身出生如是諸天。時，觀自在菩薩告大自在天子言：『汝於未來末法世時，有情界中，而有眾生執著邪見，皆謂汝於無始已來為大主宰，而能出生一切有情。』是時，眾生失菩提道，愚癡迷惑，作如是言：

此虛空大身，　大地以為座，
境界及有情，　皆從是身出。

「如是！善男子！我於尾鉢尸如來所，聞是已後，復有佛出，號式棄如來、應供、正遍知、明行足、善逝、世間解、無上士、調御丈夫、天人師、佛、世尊。除蓋障！我於是時，為勇施菩薩摩訶薩，於彼佛所聞觀自在菩薩摩訶薩威神功德。」

除蓋障言：「世尊！所聞觀自在菩薩摩訶薩威神功德，其事云何？」

佛言：「是時，式棄如來會中，有一切天、龍、藥叉、阿蘇囉、蘗嚕拏、摩護囉誐、人及非人，悉來集會。時，彼世尊於是衆中欲說法時，口放種種雜色光明，所謂青色青光、黃色黃光、赤色赤光、白色白光、紅色紅光、玻胝迦色玻胝迦光、金色金光，其光遍照十方一切世界，其光還來遶佛三匝，却入於口。

「時，彼會中有寶手菩薩摩訶薩，從座而起，偏袒右肩，右膝著地，合掌恭敬，白世尊言：『何因何緣出現斯瑞？』佛告善男子：『極樂世界有觀自在菩薩摩訶薩欲來於此，故現斯瑞。』

「彼觀自在來此之時，出現種種劫樹、華樹、矩母那華樹、瞻波迦華樹，復現雜華、寶池。樹雨種種妙華，又雨諸寶：摩尼、真珠、琉璃、螺貝、璧玉、珊瑚等寶，又雨天衣如雲而下。彼時，祇樹給孤獨園七寶出現，所謂：金輪寶、象寶、馬寶、珠寶、女寶、主藏寶、主兵寶。如是七寶出現之時，其地悉皆變成金色。是時，觀自在菩薩摩訶薩出彼極樂世界之時，地六震動。

「爾時，寶手菩薩摩訶薩白世尊言：『以何因緣，出現斯瑞？』佛言：『善男子！是觀自在菩薩摩訶薩欲來到此，故現斯瑞。』

「是時，又雨適意妙華及妙蓮華。時，觀自在菩薩手執金色光明千葉蓮華，來詣佛所，頂禮佛足，持是蓮華，奉上世尊：『此華是無量壽佛令我持來。』世尊受是蓮華，致在左邊。佛告觀自在菩薩摩訶薩：『汝今現是神力功德莊嚴，於意云何？』

「觀自在言：『我為救度一切惡趣諸有情故，所謂一切餓鬼，阿鼻地獄、黑繩地獄、等活地獄、燒燃地獄、煻煨地獄、鑊湯地獄、寒冰地獄，如是等大地獄中所有眾生，我皆救拔離諸惡趣，當得阿耨多羅三藐三菩提。』是時，觀自在菩薩如是說已，頂禮佛足，禮畢而去，忽然不現，由如火焰入於虛空。

「爾時，寶手菩薩白言：『世尊！我今有疑，欲問如來，願為宣說，觀自在菩薩有何福德而能現是神力？』

「佛言：『如殑伽河沙數如來、應、正等覺，以天妙衣及以袈裟、飲食、湯藥、坐臥具等供養如是諸佛，所獲福德與觀自在菩薩一毛端福，其量無異。善男子！又如四大洲，於其一年十二月中，於晝夜分恒降大雨，我能數其一一滴數；善男子！觀自在菩薩所有福德，而我不能說盡數量。善男子！又如大海深廣八萬四千踰繕那，如是四大海水，我能數其一一滴數；善男子！觀自在菩薩所有福德，而我不能說盡數量。善男子！又如四大洲所有四足有情：師子、象、馬、虎、狼、熊、鹿、牛、羊，如是一切四足之類，我悉能數一一身中所有毛數；善男子！觀自在菩薩所有福德，而我不能說盡數量。善男子！又如有人，以天金寶造作如微塵數如來形像，而於一日皆得成就種種供養，所獲福德而我悉能數其數量；善男子！觀自在菩薩所有福德，而我不能說盡數量。善男子！又如一切樹林，我能數其一一葉數；觀自在菩薩所有福德，而我不能說盡數量。善男子！又如四大洲所有男子、女人、童男、童女，如是之人皆成預流果、一來、不還、阿羅漢果、緣覺、菩提，如是所有福德與觀自在菩薩一毛端福，其量無異。」

「是時，寶手菩薩白世尊言：『我從昔已來，所未曾見，亦未曾聞，諸佛如來有於如是福德之者。世尊！觀自在位居菩薩，云何而有如是福德耶？』

「佛告善男子：『非獨此界唯我一身，乃至他方無數如來、應、正等覺俱集一處，亦不能說盡觀自在菩薩福德數量。善男子！於此世界，若有人能憶念觀自在菩薩摩訶薩名者，是人當來遠離生、老、病、死輪迴之苦，猶如鵝王隨風而去，速得往生極樂世界，面見無量壽如來聽聞妙法。如是之人而永不受輪迴之苦，無貪、瞋、癡，無老、病、死，無飢饉苦，不受胎胞生身之苦，承法威力蓮華化生，常居彼土，*候是觀自在菩薩摩訶薩救度一切有情，皆得解脫，堅固願滿。』

「是時，寶手菩薩白世尊言：『此觀自在而於何時救度一切有情，皆得解脫堅固願滿？』

「世尊告言：『有情無數，常受生死輪迴，無有休息，是觀自在為欲救度如是有情證菩提道，隨有情類現身說法。應以佛身得度者，即現佛身而為說法。應以菩薩身得度者，即現菩薩身而為說法。應以緣覺身得度者，即現緣覺身而為說法。應以聲聞身得度者，即現聲聞身而為說法。應以大自在天身得度者，即現大自在天身而為說法。應以那羅延身得度者，即現那羅延身而為說法。應以梵王身得度者，即現梵王身而為說法。應以帝釋身得度者，即現帝釋身而為說法。應以日天子身得度者，即現日天子身而為說法。應以月天子身得度者，即現月天子身而為說法。應以火天身得度者，即現火天身而為說法。應以水天身得度者，即現水天身而為說法。應以風天身得度者，即現風天身而為說法。應以龍身得度者，即現龍身而為說法。應以頻那夜迦身得度者，即現頻那夜迦身而為說法。應以藥叉身得度者，即現藥叉身而為說法。應以多聞天王身得度者，即現多聞天王身而為說法。應以人王身得度者，即現人王身而為說法。應以宰官身得度者，即現宰官身而為說法。應以父母身得度者，即現父母身而為說法。善男子！觀自在菩薩摩訶薩隨彼有情應可度者，如是現身而為說法，救諸有情，皆令當證如來涅盤之地。』

「是時，寶手菩薩白世尊言：『我未曾見聞如是不可思議。希有！世尊！觀自在菩薩摩訶薩有如是不可思議，實未曾有。』

「佛告：『善男子！此南贍部洲為金剛窟，彼有無數百千萬俱胝那庾多阿蘇囉止住其中。善男子！觀自在菩薩摩訶薩現阿蘇囉身，為是阿蘇囉說此大乘莊嚴寶王經，阿蘇囉眾得聞是經，皆發慈善之心，而以手掌捧觀自在菩薩摩訶薩足，聽斯正法皆得安樂。若人得聞如是經王而能讀誦，是人若有五無間業，皆得消除。臨命終時，有十二如來而來迎之，告是人言：「善男子！勿應恐怖！汝既聞是大乘莊嚴寶王經，示種種道往生極樂世界，有微妙蓋天冠、珥璫、上妙衣服現如是相，命終決定往生極樂世界。」寶手！觀自在菩薩摩訶薩最勝無比，現阿蘇囉身，令彼阿蘇囉當得涅盤之地。』

「是時，寶手菩薩頭面著地，禮世尊足，禮已而退。」

佛說大乘莊嚴寶王經卷第一

佛說大乘莊嚴寶王經卷第二

西天中印度惹爛馱囉國密林寺三藏賜紫沙門臣天息災奉　詔譯

「於是式棄佛後，有佛出世，號尾舍浮如來、應供、正遍知、明行足、善逝、世間解、無上士、調御丈夫、天人師、佛、世尊。除蓋障！我於是時，為忍辱仙人，住處深山，其間磽确嶔崟，無人能到，久住其中。是時，我於彼如來處，聞是觀自在菩薩摩訶薩威神功德。是觀自在入於金地現身，為彼覆面有情而說妙法，示八聖道，皆令當得涅盤之地。出此金地，又入銀地，是處有情而皆四足，止住其中。觀自在菩薩摩訶薩救彼有情，而為說法：『汝應諦聽如是正法，當須發心，審諦思惟，我今示汝，涅盤資糧。』

「是諸有情於觀自在前立，白菩薩言：『無眼有情，救為開明，令見其道；無恃怙者，為作父母，令得恃怙；黑闇道中，為燃明炬，開示解脫正道；有情若念菩薩名號，而得安樂。我等常受如是苦難。』是時，此等一切有情聞大乘莊嚴寶王經，得聞是已，皆得安樂獲不退地。

「是時，觀自在菩薩摩訶薩出於是中，又入鐵地，而於是處禁大力阿蘇囉王。菩薩往是處時，現身如佛。是時，大力阿蘇囉王遠來迎是觀自在菩薩摩訶薩。阿蘇囉王宮中有無數眷屬，其中多是背傴矬陋，如是眷屬皆來親覲，禮觀自在菩薩摩訶薩足，而說偈曰：

我今生得果，　所願悉圓滿，　如意之所希，　斯是我正見。

「『既得見於菩薩，我及諸眷屬皆得安樂。』於是以寶座獻觀自在菩薩，恭敬合掌白言：『我等眷屬從昔已來，好樂邪婬，常懷瞋怒，愛殺生命，造是罪業。我心憂愁，恐怖老死輪迴，受諸苦惱，無主無依。垂愍救度，為說開解，禁縛之道。』

「觀自在言：『善男子！如來、應、正等覺常行乞食，若能施食，所獲福德，說無有盡。善男子！非唯我身在阿蘇囉窟說不能盡，乃至如十二殑伽河沙數如來、應、正等覺俱在一處，而亦不能說盡如是福德數量。善男子！所有微塵，我能數其如是數量；善男子！施如來食所獲福德，而我不能說盡數量。善男子！又如大海，我能數其一一滴數；善男子！施如來食所獲福德，而我不能說盡數量。善男子！又如四大洲所有男子、女人、童子、童女，悉皆田種，滿四大洲，不植餘物，唯種芥子，龍順時序，降澍雨澤，芥子成熟，於一洲內以為其場，治踐俱畢，都成大聚，善男子！如是我能數盡一一粒數；善男子！施如來食所獲福德，而我不能說盡數量。善男子！又如妙高山王入水八萬四千踰繕那，出水八萬四千踰繕那，善男子！如是山王以為㡜，積以大海水充滿其中，皆為墨汁，以四大洲所有一切男子、女人、童子、童女，悉皆書寫，妙高山量所積㡜聚，書盡無餘，如是我能數其一一字數；善男子！施如來食所獲福德，而我不能說盡數量。善男子！如是一切書寫之人，皆得十地菩薩之位；如是菩薩所有福德，與施如來一食數;善男子!施如來食所獲福德,而我不能說盡數量。』

「是時,大力阿蘇囉王聞說是事,涕淚悲泣,盈流面目,心懷懊惱,哽*噎吁嗟,白觀自在菩薩摩訶薩言:『我於往昔而行布施,所施之境垢黑非法,由斯施故,我今并諸眷屬反受禁縛,在於惡趣受斯業報。於今何故,持少分食,奉施如來,變成甘露?我從昔來愚癡無智,習行外道婆羅門法,時有一人,身形矬陋,來於我所,求匃所須。我當具辦種種寶冠、金銀耳鐶、上妙衣服、寶莊嚴具、閼伽器等,復有百千象、馬寶車,真珠瓔珞、寶網莊嚴,懸衆妙繆而挍飾之,種種寶蓋、寶網純羅張施其上,繫諸寶鈴,震響丁丁。復有一千黃牛,毛色姝好,白銀嚴蹄,黃金飾角,又以真珠雜寶而為莊挍。復有一千童女,形體姝妙,容貌端嚴,狀如天女,首飾天冠、金寶珥璫、種種妙衣間厠寶帶、指鐶、寶釧、瓔珞玲瓏、微妙華鬘,如是種種嚴飾其身。復有無數百千雜寶之座,復有金、銀雜寶積聚無數,又有羣牛數百千萬及牧放人,又有無數如天上味香美飲食,又有無數寶鈴，無數金、銀師子之座，無數金柄妙拂，無數七寶莊嚴繖蓋。辦具如是種種作大施時，而有百千小王皆來集會，百千婆羅門亦皆來集，無數百千萬刹帝利衆亦來集會。

「『時我見已，心懷疑怪。當於是時，唯我最尊，具大勢力，統領大地。我依婆羅門法，專為懺悔宿世惡業，而欲殺諸刹帝利等及諸妻子眷屬，取其心肝，割剖祀天，覬其罪滅。是時，百千萬刹帝利、小王，我以枷鎖禁在銅窟，及無數百千邊地之人，悉皆禁是窟中，而以鐵橛上安鐵索，繫縛諸刹帝利手足。時，我於窟造立其門，以之常木為第一重門，以佉儞囉木為第二重門，復用其鐵為第三重門，又以熟銅為第四重門，又以生銅為第五重門，又以白銀為第六重門，又以黃金為第七重門。如是七重門上，各以五百關鎖而牢固之；又於一一門上，各置一山。

「『是時，有那羅延天，忽於一日現身為蠅而來探視，又於一日而現蜂形，又於一日而現猪身，又於一日現非人相，如是日日身相變異而相探覷。我時心中思惟，作是婆羅門法。那羅延天見作斯法，來於銅窟而相破壞，去除門上七山，一一棄擲異處，高聲喚彼所禁人言：「無勝天子等！汝身受大苦惱，汝等身命為存活耶？為當已死？」此諸人等聞其喚問，隨聲應言：「我命今在。那羅延天尊！大力精進，救我苦難。」其天便乃破壞銅窟七重之門。時，諸小王在於窟內，得脫繫縛之難而見那羅延天，是時各各心中思惟：「其大力阿蘇囉王為已死耶？為復而今死時方至？」刹帝利等又作是言：「我寧與彼鬪敵相殺，死而有地，不應受此禁縛而令我死。我今當依刹帝利法，與彼戰鬪相殺，設死其地而得生天。」時，諸小王各於自舍，排駕車乘，鞁勒鞍馬，執持器仗，欲大戰鬪。

「『時，那羅延天現婆羅門，其身矬陋，著以鹿皮而為絡腋，手中執持三岐拄杖所坐之物，隨身持行，來至我門。時，守門者告於彼言：「不應入此門內，汝矬陋人，止勿入中。」婆羅門言：「我今自遠而來到此。」守門者問婆羅門言：「汝從何來？」婆羅門曰：「我是月氏國王處大仙人也，從彼而來。」時，守門者往大力阿蘇囉王所白言：「今有婆羅門，其身矬陋而來到此。」大力阿蘇囉王言：「是人今來，何所須耶？」守門人言：「我今不知所須云何？」大力阿蘇囉王告言：「汝去喚是婆羅門來。」守門之人既奉教勑，遂喚婆羅門入於其中。

「『大力阿蘇囉王見已，與寶座令坐。大力阿蘇囉王師奉所事金星，先已在中，告大力阿蘇囉王言：「今此婆羅門是其惡人，而來到此，決定破壞於汝。」「師今何故，而能知耶？」告言：「我今知此所現之身，知是云何？此是那羅延天。」既聞此已，心即思惟：「我行惠施而無反覆，今來障難破壞於我。」大力阿蘇囉言：「我口辯才，當須問是婆羅門言，今來我所，於意云何？」婆羅門曰：「我從於王，乞地兩步。」阿蘇囉告婆羅門言：「卿所須地，而言兩步，我當與卿，其地三步。」先以金瓶，授與淨水，告言：「須地，卿當受取。」婆羅門受已，而呪願曰：「安樂長壽。」時，婆羅門矬陋之身，隱而不現。爾時，金星告阿蘇囉王言：「汝今當受，惡業果報。」

「『時，那羅延天忽然現身，於兩肩上荷負日月，手執利劍、輪棒、弓箭如是器仗。時，大力阿蘇囉王忽然見已，慞惶戰慄，其身躓仆，迷悶躄地，良久而起：「今當云何？我寧服其毒藥而死耶？」是時，那羅延天步量其地，只及兩步，更無有餘，不迨三步。「違先所許，我今云何？」那羅延言：「王今應當隨我所教。」時，大力阿蘇囉王白言：「我如所教。」那羅延曰：「汝實爾耶？」大力阿蘇囉王言：「我實如是。此言誠諦，心無悔悋。」是時，我依婆羅門教，作法之處悉皆破壞，所有金銀珍寶、莊嚴童女、衣服寶鈴、繖蓋妙拂、師子寶座、寶嚴黃牛及諸寶莊嚴具，時，諸小王眾等悉皆受之，便乃出是大力阿蘇囉王作法之地。』

「大力阿蘇囉王白觀自在菩薩摩訶薩言：『我今身心思惟，為於往昔依婆羅門法而設廣大布施之會，所施之境垢黑不淨，我今并諸眷屬，是以禁縛在斯鐵窟，受大苦惱。觀自在！我今歸依，願垂哀愍，救脫我等如是苦難。』而讚歎曰：

歸命大悲蓮華手，大蓮華王大吉祥，種種莊嚴妙色身，首髻天冠嚴眾寶。
頂戴彌陀一切智，救度有情而無數，病苦之人求安樂，菩薩現身作醫王。
大地為眼明踰日，最上清淨微妙眼，照矚有情得解脫，得解脫已妙相應。

猶如如意摩尼寶，能護真實妙法藏，而恒說六波羅蜜，稱揚斯法具大智。
我今虔懇至歸依，讚歎大悲觀自在，有情憶念菩薩名，離苦解脫獲安隱。
作惡業故墮黑繩，及大阿鼻地獄道，諸有餓鬼苦趣者，稱名恐怖皆解脫；
如是惡道諸有情，悉皆離苦得安樂。若人恒念大士名，當得往生極樂界，
面見如來無量壽，聽聞妙法證無生。

「是時，觀自在菩薩摩訶薩與大力阿蘇囉王授其記別：『汝於當來得成為佛，號曰吉祥如來、應供、正遍知、明行足、善逝、世間解、無上士、調御丈夫、天人師、佛、世尊。汝於是時，當證六字大明總持之門，今此一切阿蘇囉王，汝於當來悉皆救度。如是佛剎一切有情，而不聞有貪、瞋、癡聲。』時，大力阿蘇囉王聞斯授記，即以價直百千真珠瓔珞，復以種種妙寶莊嚴百千萬數天冠、珥璫，持以奉上，願垂納受。

「爾時，觀自在菩薩摩訶薩告大力阿蘇囉王言：『我今為汝說法，應當諦聽。汝應思惟，乃至於人，無常幻化，命難久保。汝等而常心中思惟、貪愛具大福

德，心常愛樂奴婢、人民，乃至穀麥、倉庫及大伏藏，心常愛樂父母、妻子及諸眷屬；如是等物雖恒愛樂，如夢所見，臨命終時，無能相救，得不命終。此南贍部洲民是顛倒，命終之後，見大奈河，膿血盈流，又見大樹，猛火熾燃，見斯事已，心生驚怖。

「是時，閻魔獄卒以繩繫縛，急急牽挽，走履鋒刃大路，舉足下足，剗割傷截，而有無數烏鷲、矩囉囉鳥及猘狗等而啖食之，於大地獄受其極苦。所履鋒刃大路之中，復有大莿，長十六指，隨一一步有五百莿，刺入腳中，悲啼號哭而言：「我等有情皆為愛造罪業，今受大苦，我今云何？」時，閻魔獄卒告言：「汝從昔來，未曾以食施諸沙門，亦未曾聞法犍稚聲，未曾旋繞塔像。」時，諸罪人告閻魔獄卒言：「我為罪障，於佛法僧不解信敬，而恒遠離。」獄卒告言：「汝以自造種種惡業，今受苦報。」獄卒於是將諸罪人往閻魔王所，到已，立在面前。

「『時，閻魔王言：「汝去往於業報之處。」是時，閻魔獄卒驅領罪人，往黑繩大地獄所。到已，是諸罪人一一拋擲入地獄中，既擲入已，一一罪人各有百槍，攢刺其身，命皆不死；次有二百大槍，俱攢刺身，其命亦活；後有三百大槍，一時攢刺其身，命亦不死。命既生活，是時而又擲之入大火坑，命亦不死。而於是時，以熱鐵丸，入在口中，令吞咽之，脣齒、齗齶及其咽喉，悉燒爛壞，心藏、腸肚煎煮沸然，遍身燋壞。

「告大力阿蘇囉王言：『受斯苦時，而無一人能相救者。汝當知之！我今為汝說如是法，汝等應當躬自作福。』

「時，觀自在菩薩摩訶薩告大力阿蘇囉王言：『我今欲往祇樹林園，彼於今日，大眾集會。』是時，觀自在菩薩放無數雜色光明，所謂青色光明、黃色光明、紅色光明、白色光明、玻胝迦色光明、金色光明等，如是光明往尾舍浮如來前。時，有天、龍、藥叉、囉刹娑、緊那囉、摩護囉誐并諸人等，悉皆集會，復有無數菩薩摩訶薩亦皆集會。

「於是眾中有一菩薩，名虛空藏，從坐而起，整衣服，偏袒右肩，右膝著地，恭敬合掌向佛，而白佛言：『世尊！今此光明為從何來？』佛告：『善男子！今此光明是觀自在菩薩在大力阿蘇囉王宮中，放斯光明，而來至此。』時，虛空藏菩薩白世尊言：『我今以何方便而能見彼觀自在菩薩？』佛告：『善男子！彼菩薩亦當來此。』

「觀自在菩薩出大力阿蘇囉王宮時，祇陀林園忽然而有天妙華樹、天劫波樹，而有無數諸天鮮妙雜色莊嚴，上懸百種真珠瓔珞，又懸憍尸迦衣及餘種種衣服，樹身枝條，其色深紅，金銀為葉；復有無數微妙香樹、殊妙華樹，無數寶池有百千萬雜色妙華充滿其中。出現如是時，虛空藏菩薩白世尊言：『彼觀自在菩薩於今何故而未來耶？』佛告：『善男子！彼觀自在菩薩從大力阿蘇囉王宮出已，而有一處，名曰黑暗，無人能到。善男子！彼黑暗處，日月光明之所不照，有如意寶，名曰隨願，而於恒時發光明照。』

「彼有無數百千萬藥叉止住其中，於時，見觀自在菩薩入於其中，心懷歡喜，踴躍奔馳，而來迎逆觀自在菩薩，頭面禮足而問訊言：『菩薩于今無疲勞耶？

久不來此黑暗之地？』觀自在菩薩言：『我為救度諸有情故。』

「時，彼藥叉羅剎以天金寶師子之座，而請就坐，於是菩薩為彼藥叉、羅剎說法：『汝當諦聽，有大乘經，名莊嚴寶王，若有得聞一四句偈，而能受持讀誦，解說其義，心常思惟，所獲福德無有限量。善男子！所有微塵，我能數其如是數量；善男子！若有於此大乘莊嚴寶王經，而能受持一四句偈，所獲福德，而我不能數其數量。若以大海所有之水，我能數其一一滴數；若於此經有能受持一四句偈，所獲福德，而我不能數其數量。假使十二殑伽河沙數如來、應、正等覺，經十二劫俱在一處，恒以衣服、飲食、臥具、湯藥及餘資具，奉施供養如是諸佛，而亦不能說盡如是福德數量，非唯於我在黑暗處說不能盡。善男子！又如四大洲人，各各以自所居舍宅造立精舍，而於其中以天金寶造千窣堵波，而於一日悉皆成就，種種供養所獲福德，不如於此經中而能受持一四句偈所獲福德。善男子！如五大河入於大海，如是流行無有窮盡；若有能持此大乘經四句偈者，所獲福德流行，亦復無盡。』

「時，彼藥叉羅刹白觀自在菩薩言：『若有有情而能書寫此大乘經，所獲福德，其量云何？』『善男子！所獲福德無有邊際，若人有能書寫此經，則同書寫八萬四千法藏而無有異。是人當得轉輪聖王，統四大洲，威德自在，面貌端嚴，千子圍遶，一切他敵自然臣伏。若有人能常時但念此經名號，是人速得解脫輪迴之苦，遠離老死憂悲苦惱。是人於後所生之處，能憶宿命，其身常有牛頭栴檀之香，口中常出青蓮華香，身相圓滿，具大勢力。』

「說是法時，彼諸藥叉羅刹有得預流果者，其中或有得一來果者，作如是言：『唯願菩薩且住於此，勿往餘處，我今於此黑暗之地，以天金寶造窣堵波，又以金寶造經行處。』是時，觀自在菩薩摩訶薩告言：『我為救度無數有情，皆令當得菩提道故，欲往餘處。』時，諸藥叉羅刹各各低頭，以手搘頤，徘徊意緒而思惟之，作如是言：『今觀自在菩薩摩訶薩捨此而去，於後誰能為於我等說微妙法？』觀自在菩薩摩訶薩於是而去，彼諸藥叉羅刹悉皆隨侍而送。觀自在菩薩摩訶薩告言：『汝等而來已遠，應還所住。』時，諸藥叉羅刹頭面著地，禮觀自在菩薩摩訶薩足已，還歸本處。

「時，觀自在菩薩摩訶薩猶如火焰上昇虛空，而往天宮，到彼天上現婆羅門身。彼天眾中，有一天子名妙嚴耳，而常貧窮受斯苦報。時，觀自在菩薩所現婆羅門身，詣彼天子所，到已告言：『我患飢餒而復困渴。』時，彼天子垂泣而告婆羅門言：『我今貧匱，無物所奉。』婆羅門言：『我*切所須，必應相饋，乃至少分。』時，彼天子俛仰入宮，搜求所有，忽然見其諸大寶器，復盛異寶盈滿其中，復有寶器滿中而盛上味飲食，又有嚴身上妙衣服盈滿宮中。時，彼天子心懷思惟：『今此門外婆羅門，決定是其不可思議之人，令我得是殊常之福。』於是請彼大婆羅門入其宮中，持天妙寶及天上味飲食以奉供養，受斯供已而呪願言：『安樂長壽。』

「時，彼天子白婆羅門言：『賢者！為從何方而來到此？』婆羅門言：『我從祇陀樹林大精舍中，於彼而來。』天子問言：『彼地云何？』婆羅門告言：『彼祇陀林精舍之中，其地清淨，出現天摩尼寶莊嚴劫樹，又現種種適意摩尼之寶，又現種種寶池，又有戒德威嚴具大智慧無數大眾出現其中，彼有佛號尾舍浮如來。於是聖天所住之地，有如是變化出現之事。』時，彼天子白言：『賢者！云何大婆羅門宜誠諦說？為是天耶？為是人耶？賢者！于今云何出現斯瑞？』時，婆羅門言：『我非是天，亦非是人，我是菩薩，為欲救度一切有情，皆令得見大菩提道。』於是天子既聞斯已，即以天妙寶冠、莊嚴珥璫持奉供養，而說偈言：

我遇功德地，　遠離諸罪垢，　如今種勝田，　現獲於果報。

「於是天子說斯偈時，彼婆羅門化度事訖，而出天宮，即時而往師子國內。到已，於諸羅刹女前，當面而立。其所現身相貌端嚴，殊色希奇，諸羅刹女見斯容質，而起慾心。既懷欣慕，於是移步親近，而告彼言：『可為我夫，我是童女，未經適娉，願為我夫。今既來此，勿復餘去，如人無主而能為主，又如闇室為燃明炬，我今此有飲食、衣服，庫藏豐盈，及有適意果園、悅意水池。』告羅刹女言：『汝今應當聽我所說。』羅刹女言：『唯然願聞，旨諭云何？』『我今為汝說八正道法，又為說四聖諦法。』時，羅刹女得聞是法，各獲果證。有得預流果者，或得一來果者，無貪、瞋、癡苦，不起惡心，無殺命意，其心樂法，樂住於戒，作如是言：『我從今已去，而不殺生，如南贍部洲奉戒之人，清淨飲食，如是活命，我自于今活命亦爾。』於是羅刹女不造惡業，受持學處。

「觀自在菩薩摩訶薩出師子國，而往波羅奈大城穢惡之處，彼有無數百千萬類蟲蛆之屬，依止而住。觀自在菩薩為欲救度彼有情故，遂現蜂形而往，於彼口中出聲作如是云：『曩謨沒馱野。』彼諸蟲類隨其所聞，而皆稱念，亦復如是。由斯力故，彼類有情所執身見雖如山峯及諸隨惑，金剛智杵一切破壞，便得往生極樂世界，皆為菩薩，同名妙香口。於是救度彼有情已，出波羅奈大城，而往摩伽陀國。

「時，彼國中值天亢旱滿二十歲，見彼衆人及諸有情，飢饉苦惱之所逼切，悉皆互相食噉身肉。是時，觀自在菩薩心懷思惟：『以何方便，救此有情？』時，觀自在菩薩種種降雨，先降雨澤蘇息枯涸，然後復雨種種之器，各各滿中而盛味中上味飲食；時，彼衆人皆得如是飲食飽滿。是時，又雨資糧、粟豆等物，於是彼諸人等所須之物，隨意滿足。時，摩伽陀國一切人民，心懷驚愕，怪未曾有！時，衆於是集在一處，既俱集已，各作是言：『于今云何天之威力致如是耶？』

「於彼衆中而有一人，耆年老大，其身傴僂而策其杖，此人壽命無數百千，告衆人言：『此非是天之威力，今此所現，定是觀自在菩薩威德神力之所變現。』衆人問言：『彼觀自在菩薩何故而能出現斯瑞？』耆舊於是即說：『彼聖觀自在功德神力，為盲冥者而為明燈，陽焰熾盛為作廕覆，渴乏之者為現河流，於恐畏處施令無畏，病苦所惱而為醫藥，受苦有情為作父母，阿鼻地獄其中有情令見涅盤之道，能令世間一切有情得是功德，利益安樂。若復有人，念是觀自在菩薩名者，是人當來遠離一切輪迴之苦。』衆人聞已，咸稱：『善哉！』

「『若有人能於觀自在像前，建立四方曼拏羅，常以香華供養觀自在菩薩者，是人當來而得轉輪聖王，七寶具足，所謂：金輪寶、象寶、馬寶、珠寶、女寶、主藏寶、主兵寶，得如是七寶。若復有人能以一華供養觀自在菩薩者，是人當得身出妙香，隨所生處而得身相圓滿。』於是耆舊說觀自在菩薩功德神力已，時，諸人衆各各還歸所住，耆舊之人既說法已，迴還亦爾。

「是時，觀自在菩薩上昇虛空，於是思惟：『我久不見尾舍浮如來，而今應當往到祇陀樹林精舍之中見彼世尊。』是時，觀自在菩薩即往到彼精舍，見有無數百千萬天、龍、藥叉、彥達嚩、阿蘇囉、蘖嚕拏、緊那囉、摩護囉誐、人及非人，復有無數百千萬菩薩悉皆集會。

「是時，虛空藏菩薩白佛言：『世尊！今此來者，是何菩薩？』佛告：『善男子！是觀自在菩薩摩訶薩。』時，虛空藏菩薩默然而住。於是觀自在菩薩遶佛三匝，却坐左邊，世尊於是而慰問言：『汝無疲勞耶？善男子！汝於餘處所為化事，而云何耶？』觀自在於是即說昔所化事：『我已救度如是如是有情。』

「時，虛空藏菩薩聞已，心中怪未曾有：『今我見此觀自在而為菩薩，乃能救度如是國土有情得見如來，如是國土有情而為菩薩！』是時，虛空藏菩薩於觀自在前立，而問訊於觀自在菩薩言：『如是化度得無疲勞耶？』觀自在言：『我無疲勞。』而問訊已，默然而住。

「爾時，世尊告善男子言：『汝等諦聽！我今為汝說六波羅蜜多法。善男子！若為菩薩，應先修行布施波羅蜜多，然後修行如是持戒、忍辱、精進、靜慮、般若波羅蜜多，如是而得圓滿具足。』說斯法已，默然而住。時，彼眾會各各而退，還歸本處，彼菩薩眾而亦退還本佛剎土。」

大乘莊嚴寶王經卷第二

佛說大乘莊嚴寶王經卷第三

西天中印度惹爛馱囉國密林寺三藏賜紫沙門臣天息災奉　詔譯

爾時，除蓋障菩薩白世尊言：「觀自在菩薩摩訶薩往昔之事，已聞佛說，彼菩薩有何三摩地門？唯願世尊為我宣說。」

佛告：「善男子！其三摩地門，所謂：有相三摩地、無相三摩地、金剛生三摩地、日光明三摩地、廣博三摩地、莊嚴三摩地、旌旗三摩地、作莊嚴三摩地、莊嚴王三摩地、照十方三摩地、妙眼如意三摩地、持法三摩地、妙最勝三摩地、施愛三摩地、金剛幡三摩地、觀察一切世界三摩地、樂善逝三摩地、神通業三摩地、佛頂輪三摩地、妙眼月三摩地、了多眷屬三摩地、天眼三摩地、明照劫三摩地、變現見三摩地、蓮華上三摩地、上王三摩地、清淨阿鼻三摩地、信相三摩地、天輪三摩地、灑甘露三摩地、輪光明三摩地、海深三摩地、多宮三摩地、迦陵頻伽聲三摩地、青蓮華香三摩地、運載三摩地、金剛鎧三摩地、除煩惱三摩地、師子步三摩地、無上三摩地、降伏三摩地、妙月三摩地、光曜三摩地、百光明三摩地、光熾盛三摩地、光明業三摩地、妙相三摩地、勸阿蘇*囉三摩地、宮殿三摩地、現圓寂三摩地、大燈明三摩地、燈明王三摩地、救輪迴三摩地、文字用三摩地、天現前三摩地、相應業三摩地、見真如三摩地、電光三摩地、龍嚴三摩地、師子頻伸三摩地、莎底面三摩地、往復三摩地、覺悟變三摩地、念根增長三摩地、無相解脫三摩地、最勝三摩地、開導三摩地。

「善男子！觀自在菩薩摩訶薩非唯有是三摩地，而於一一毛孔，具百千萬三摩地。善男子！觀自在菩薩摩訶薩位居菩薩，功德如是，乃至諸佛如來歎未曾有如是功德。

「善男子！我於往昔為菩薩時，與五百商人欲往師子國中，將諸車乘、馲駝、牛等求其財寶，即發往彼道路，經歷村營、城邑、聚落之處，相次至於海濱，欲承大舶，於是俱昇舶內，我當問於舶主言：『汝應看其風信從何而起？往何國土？為往寶洲？為闍婆國、羅剎國耶？』於是舶主瞻其風信，作如是言：『而今此風宜往師子國去。』是時，承風駕放往師子國。於彼國中有五百羅剎女，忽然變發劇暴大風，鼓浪漂激，其舶破壞。時，諸商人颰墮水中，漂濘其身，浮及海濱，至於岸上。

「彼五百羅剎女見諸商人，各各搖動其身，出於惡聲，現童女相來商人所，各以衣服與諸商人。於是著彼衣服，捩自濕衣，曝之令乾，而離彼處，即往瞻波迦樹下憩歇。歇已，互相謂言：『我今云何？作何方便？』無復方計，說已默然。是時，彼羅剎女又來於商人前，作如是言：『我無夫主，可與於我而為夫耶？於此，我有飲食、衣服、庫藏、園林、浴池。』時，彼羅剎女各各將一商人歸自所居。

「於是羅剎女中而有一女，為大主宰，名*囉底迦嚬，彼女與我相將歸彼所居。彼女而以上味飲食，供給於我豐足飽滿，我當快樂無異人間。於彼止宿經停二三七日，忽然見彼囉底迦嚫欣然而笑，我時心生疑怪，未曾見聞彼羅剎女作如是笑，時我問言：『汝今何故作是笑耶？』羅剎女言：『此師子國，羅剎女所住之地，恐傷汝命。』於是我問：『汝何故知耶？』羅剎女言：『勿履南路而去。何以故？彼有鐵城，上下周圍而無門戶，其中而有無數商人，其中多已被彼食噉，唯餘骸骨。彼今見有活者、死者，恐不相信，但依此路而去到彼，自當信我。』

「是時，我伺彼女惛沈睡眠。於是菩薩向夜分時，持月光劍往於南路，而行到彼鐵城，周匝而看，一無門戶，亦無窓牖。彼鐵城邊有一瞻波迦樹，攀昇樹上，我時高聲喚問。時，鐵城內商人告於我言：『賢大商主而還知不？我等被羅剎女致在鐵城，而於日日食噉百人。』彼等具說昔時事已，於是我下瞻波迦樹，却依南路，急速還彼羅剎女處。

「是時，彼女而問我言：『賢大商主所說鐵城，還當見不？今應實說。』我言：『已見。』於是又問彼女：『以何方便，令我得出於此？』彼羅剎女而告我言：『而今有大方便，可令於汝安隱善出此師子國，卻還於彼南贍部洲。』我見是說，復問彼女：『令我於何道路，出此國耶？』時，囉底迦嚂告於我言：『有聖馬王而能救度一切有情。』

「我當尋時，往彼聖馬王所，食白藥草。食已，於金砂地驟已而起，振擺身毛。作如是已，而作是言：『何人而欲達於彼岸？』三復告言：『若欲去者，當自言說。』於是我告聖馬王言：『我於今者欲往彼去。』如是說已，而復到彼羅刹女處，同共止宿。彼羅刹女睡眠覺已，心生追悔，而問我言：『商主！汝身何故冷耶？』於是我知彼意，不令我去，遂以方便告於彼女：『我於向者，暫出城外，便利而迴，故我身冷。』彼女告於我言：『應却睡眠。』

「至於日出，我時方起，遂乃喚諸商人告言：『而今宜應出於此城。』時，諸商人皆出城已，俱在一處而歇，共相謂言：『今此衆中，何人之妻最相戀慕？有何所見？其事云何？』時，衆人中有言：『彼以上味飲食供給於我。』或有說言：『彼以種種衣服與我。』或有說言：『彼以天冠、珥璫、衣服與我。』或有說言：『我無所得，唯不稱心。』或有說言：『彼以種種龍麝、栴檀之香與我。』時，諸商人作是說已，我當告言：『汝難解脫！何故貪愛此羅刹女耶？』眾商人聞，心懷怖畏而問言：『大商主實如是耶？』我乃告言：『此師子國，羅刹女所住，非是人耳，此實是羅刹女。作是誓言：佛法僧等，可知此羅刹女也。』

「時，諸商主聞已，告於我言：『以何方便得免此難？』於是我告彼言：『此師子國有聖馬王，能救一切有情，彼食大白藥草，於金砂騙而起，振擺身已，三復言云：「誰人欲往彼岸？」我已告彼馬王言：「我今欲往彼岸。」』時，諸商人復告我言：『何日去耶？』我告眾言：『却後三日，決定而去，眾人宜應備辦資糧。』作是語已，眾還入城，各各往本羅刹女舍。

「其女見來，相問訊言：『汝今疲勞耶？』我當問彼羅刹女：『我未曾見汝悅意園林、浴池，為實有耶？』時，彼羅刹女告我言：『大商主！此師子國，有種種適意園林、浴池。』告彼女言：『與我如法辦具資糧，我候三日，欲往遊觀種種園林、池沼，看彼名花，我當將種種華而來歸家。』時，羅刹女告我言：

『大商主！我為辦具資糧。』

「是時，恐彼羅剎女知我方計，必當殺我。如是思惟，默然而住。彼羅剎女以好飲食，與我令喫。食已吁歎，彼女問言：『大商主！何故如是而吁歎耶？』是時，我告彼女：『我本南贍部洲人，思自本地。』彼女告我言：『大商主！勿思本地。此師子國有種種飲食、衣服、庫藏，種種適意園林、浴池，受種種快樂，云何思彼南贍部洲？』我時默然而住。

「過是日已，至第二日，彼女與我辦具飲食資糧，彼諸商人悉皆辦具資糧，候第三日，日初出時，皆出彼域。出已，共相議言：『我等今者當宜速去，不應迴顧師子國矣！』作是語已，我與彼眾即時速疾，而往於聖馬王所。到已，見彼馬王，喫草驪已，振擺身毛；是時，師子國地皆震動，馬王三復言云：『今者何人欲往彼岸？』時，諸商人作如是言：『我等今者欲往彼岸。』時，聖馬王奮迅其身而作是言：『汝等宜應前進，勿應返顧師子國也！』彼聖馬王如是說已，是時，我乃先乘馬王，然後五百商人俱昇馬上。

「時，彼師子國中，諸羅剎女忽聞諸商人去，口出苦切之聲，即駛奔馳趁逐，悲啼號哭，叫呼隨後。時，諸商人聞是聲已，迴首顧眄，不覺閃墜，其身入於水中，於是諸羅剎女，取彼身肉而噉食之。是時，唯我一人往於南贍部洲。

「彼聖馬王屆海岸所，我當下已，而乃旋遶彼聖馬王三匝畢已，即離彼處，尋路而行，往於本地，歸自所居。到其家已，是時，父母見我來歸，抱捉其子，欣喜復悲，涕泣流淚。父母先為我故，涕泣恒時，其眼昏瞖，因茲除愈，明淨如故。是時，父母與子共在一處，我乃具述前所經歷艱苦之事，父母聞已，告於我言：『汝於今日得全其命，安隱而歸，甚適我懷，無復憂慮。我不須汝所盈財寶，今緣自知年耄衰朽，須汝佐輔出入扶侍，我當死至，汝為主者送葬我身。』

「昔時，父母而作如是善言慰諭於我。除蓋障！我於是時身為商主，受如是危難苦惱之事。」

佛告除蓋障菩薩：「時聖馬王者，即觀自在菩薩摩訶薩是，於是危難死怖畏中，救濟於我。除蓋障！我今不能廣說是觀自在菩薩摩訶薩功德數量，我今為汝略說是觀自在身毛孔中所有功德。除蓋障！觀自在菩薩身有金毛孔，而於其中有無數百千萬俱胝那庾多彥達嚩，彼等無輪迴苦，而常受於最勝快樂，天物受用無有窮盡，無有惡心，無憎嫉心，無貪、瞋、癡，常行八聖道，恒受法樂。除蓋障！於是金毛孔中，復有放光如意寶珠，隨彼彥達嚩衆思念所須，隨意滿足。於是金毛孔中有斯出現。

「復有黑毛孔，而於其中有無數百千萬俱胝那庾多具通神仙之人，其中有具一神通者，或有具二、三、四、五神通之者，亦有具足六神通者。於是毛孔之中，復現銀地，黃金為山，白銀為峯，三十七愛染蓮華寶莊嚴其山，於其山中而有八萬四千神仙之衆，如是仙衆出現劫樹，深紅為身，黃金、白銀以為枝葉，放寶光明。

「又於一一毛孔現四寶池，八功德水充滿其中，而有妙華盈滿池中。於池岸側有天妙香樹、栴檀香樹，又有莊嚴劫樹，上懸莊嚴天冠、珥璫，復有殊妙瓔珞而嚴飾之。又於其上懸衆寶鈴，又挂妙衣憍尸迦服，於斯一一劫樹之下，各有一百彥達嚩王，而於恒時奏諸音樂。復有羣鹿、羽族靈禽，聞斯樂音悉皆思惟：『諸有情類多受輪迴之苦，何故南贍部洲人見受生老病死、愛別離等如是諸苦？』此諸禽鳥、鹿等，於是思惟此大乘莊嚴寶王經如是之名，於是而有天妙上味飲食、天諸妙香、天妙衣服等物，隨彼所思，如意滿足。」

是時，除蓋障菩薩白世尊言：「我今聞是，甚為希有！世尊！」

佛告：「善男子！於意云何？」

除蓋障菩薩白世尊言：「如是有情，心唯思念此經名號，尚獲如是利益安樂；若復有人得聞此經，而能書寫、受持讀誦、供養恭敬，如是之人常得安樂。或復有人於此經中書寫一字，斯人當來不受輪迴之苦，而永不於屠兒、魁膾、下賤之類如是家生，所生之身而永不受背傴、攣躄、醜脣、缺漏、疥癩等病，不可喜相，獲得身相圓滿，諸根具足，有大力勢，何況具足受持讀誦、書寫、供養恭敬之人所獲功德！」

爾時，世尊讚言：「善哉！善哉！除蓋障！汝今善說如是之法。今此會中無數百千萬天、龍、藥叉、彥達嚩、阿蘇囉、蘖嚕拏、緊那囉、摩護囉誐、人及非人、鄔波索迦、鄔波斯計如是等衆，皆悉聞汝說如是法，得聞斯之廣博法門，由汝所問。」

時，除蓋障菩薩白世尊言：「世尊！於今說斯妙法，天人衆等生信堅固。」

是時，世尊讚言：「善哉！善哉！善男子！汝能如是重復問是觀自在身毛孔中所現功德。除蓋障！彼復有寶莊嚴毛孔，是中有無數百千萬俱胝那庾多彥達嚩女，面貌端嚴，形體姝妙，種種莊嚴；如是色相狀如天女，彼衆貪、瞋、癡、苦，皆不能侵於彼身分，而亦不受人間少分苦惱之事。彼彥達嚩女而於三時，念是觀自在菩薩摩訶薩名號，而於是時，彼等獲得一切所須之物。」

是時，除蓋障菩薩白佛言：「世尊！我欲入彼毛孔之中，看其所有。」

佛告：「善男子！彼之毛孔無有邊際，如虛空界亦無障礙。善男子！如是毛孔，無障無礙，亦無觸惱。彼毛孔中，普賢菩薩摩訶薩入於其中，行十二年不得邊際，見諸毛孔一一之中，各有佛部於彼而住。是故普賢不能見其邊際近遠，餘諸菩薩云何而得見彼邊際耶?」

時,除蓋障菩薩白佛言:「世尊!普賢菩薩摩訶薩於彼毛孔行十二年,不能見其邊際,而諸毛孔各有百佛在於其中。普賢菩薩摩訶薩尚不能得見於邊際,我今云何而得入於是中耶?」

佛告:「善男子!我亦不見如是微妙寂靜。彼無相故,而現大身具十一面,而百千眼圓滿廣大,得相應地湛然寂靜,大智無得無有輪迴,不見救度亦無種族,無有智慧亦無有說,如是諸法如影、響故。善男子!觀自在菩薩無見無聞,彼無自性,乃至如來亦所不見。於意云何?善男子!普賢等諸菩薩皆具不可思議,不能了知彼觀自在之所變化。善男子!觀自在菩薩摩訶薩變現種種,救度無數百千萬俱胝那庾多有情,令得往生極樂世界,見無量壽如來,得聞法要,皆令當得成菩提道。」

時,除蓋障菩薩白世尊言:「不知以何方便,令我得見是觀自在菩薩摩訶薩?」

佛告:「善男子!彼菩薩必當來此索訶世界,而來見我禮拜供養。」

時，除蓋障菩薩白佛言：「世尊！可知是觀自在菩薩摩訶薩而來於此，為於何時？」

佛告：「善男子！候此有情根熟之時，彼觀自在菩薩摩訶薩先來到此。」

時，除蓋障菩薩摩訶薩以手搘頣作是思惟：「我今云何有是罪障？壽命雖長而無所益，不得見彼觀自在菩薩恭敬禮拜，猶如盲人在道而行。」

時，除蓋障菩薩復白佛言：「世尊！彼觀自在菩薩摩訶薩，為實何時而來於此耶？」

爾時，世尊微笑告言：「善男子！觀自在菩薩摩訶薩彼於無時，而是來時。善男子！彼菩薩身而有毛孔名灑甘露，於是毛孔之中，有無數百千萬俱胝那庾多天人止住其中，有證初地、二地，乃至有證十地菩薩摩訶薩位者。除蓋障！彼灑甘露毛孔之中，而有六十金銀寶山，其一一山高六萬踰繕那，有九萬九千峯，以天妙金寶周遍莊嚴，一生補處菩薩於彼而住；復有無數百千萬俱胝那庾多彥達嚩衆，於彼毛孔而於恒時奏諸音樂。

「除蓋障！彼灑甘露毛孔之中，又有無數百千萬俱胝那庾多宮殿，以天摩尼妙寶周遍莊嚴，見者其意適然，復有種種真珠瓔珞而校飾之。於彼宮殿各有菩薩說微妙法，出是宮殿各各經行，於經行處而有七十七池，八功德水盈滿其中。有種種華，所謂：嗢鉢羅華、鉢訥摩華、矩母那華、奔拏利迦華、嘌彥駄迦華、曼那囉華、摩賀曼那囉華，充滿其中。彼經行地，復有適意劫樹，以天金銀而為其葉莊嚴，於上懸諸天冠、珥璫、珍寶、瓔珞種種莊嚴。彼諸菩薩而經行已，於夜分時，憶念種種大乘之法，思惟寂滅之地，思惟地獄、鬼趣、傍生。作如是思惟已，而入慈心三摩地。

「除蓋障！於彼毛孔，如是菩薩出現其中。復有毛孔名金剛面，而於其中，有無數百千萬緊那囉衆，種種華鬘、瓔珞遍身莊嚴，以妙塗香用塗其體，見者歡喜。而彼恒時念佛法僧，得不壞信住法忍慈，思惟寂滅，遠離輪迴。如是，如是，善男子！彼緊那囉衆心生愛樂。彼之毛孔有無數山，而於其中有金剛寶窟、金寶窟、銀寶窟、玻胝迦寶窟、蓮華色寶窟、青色寶窟，復有具足七寶窟。如是，善男子！於彼毛孔有斯變現。而於是中，又有無數劫樹，無數栴檀大樹、微妙香樹，無數浴池，百千萬天宮寶殿，玻胝迦莊嚴巧妙清淨適意寶殿，於彼出現。

「如是宮殿，緊那囉衆止息其中，既止息已，說微妙法，所謂布施波羅蜜多法，及持戒、忍辱、精進、靜慮、智慧波羅蜜多法。說是六波羅蜜多已，各各經行。而於是處，有黃金經行道、白銀經行道，於是周匝而有劫樹，金銀為葉，上有種種天衣、寶冠、珥璫、寶鈴、瓔珞，如是莊嚴彼經行處。又有樓閣，緊那囉於是經行，思惟沈淪生苦、老苦、病苦、死苦、貧窮困苦、愛別離苦、冤憎會苦、求不得苦，或墮針刺地獄、黑繩地獄、喝醯大地獄、極熱大地獄、火坑地獄，或墮餓鬼趣；如是有情受大苦惱，彼緊那囉作是思惟。如是，善男子！彼緊那囉樂甚深法，思惟圓寂真界。復於恒時念觀自在菩薩摩訶薩名號，由是稱念，而於是時得諸資具，悉皆豐足。

「善男子！觀自在菩薩摩訶薩，乃至名號亦難得值。何以故？彼與一切有情如大父母，一切恐怖有情施之無畏，開導一切有情為大善友。如是，善男子！彼觀自在菩薩摩訶薩有六字大明陀羅尼，難得值遇；若有人能稱念其名，當得生彼毛孔之中，不受沈淪；出一毛孔，而復往詣入一毛孔，於彼而住，乃至當證圓寂之地。」

時，除蓋障菩薩白世尊言：「世尊！今此六字大明陀羅尼，為從何處而得耶？」

佛告：「善男子！此六字大明陀羅尼難得值遇，至於如來而亦不知所得之處，因位菩薩云何而能知得處耶？」

除蓋障菩薩白世尊言：「如是陀羅尼，今佛如來、應、正等覺，云何而不知耶？」

佛告：「善男子！此六字大明陀羅尼，是觀自在菩薩摩訶薩微妙本心，若有知是微妙本心，即知解脫。」

時，除蓋障菩薩白世尊言：「世尊！諸有情中，有能知是六字大明陀羅尼者不？」

佛言：「無有知者。善男子！此六字大明陀羅尼，無量相應如來而尚難知，菩薩云何而得知此觀自在菩薩微妙本心處耶？我往他方國土，無有知是六字大明陀羅尼處者。若有人能而常受持此六字大明陀羅尼者，於是持誦之時，有九十九殑伽河沙數如來集會，復有如微塵數菩薩集會，復有三十二天天子衆亦皆集會；復有四大天王而於四方為其衛護，復有娑誐囉龍王、無熱惱龍王、得叉迦龍王、嚩蘇枳龍王，如是無數百千萬俱胝那庾多龍王而來衛護是人，復有地中藥叉、虛空神等而亦衛護是人。善男子！觀自在菩薩身毛孔中俱胝數如來止息已，讚歎是人言：『善哉！善哉！善男子！汝能得是如意摩尼之寶，汝七代種族皆當得其解脫。』善男子！彼持明人於其腹中所有諸蟲，當得不退轉菩薩之位。

「若復有人以此六字大明陀羅尼，身中、項上戴持者；善男子！若有得見是戴持之人，則同見於金剛之身，又如見於舍利窣堵波，又如見於如來，又如見於具一俱胝智慧者。若有善男子、善女人，而能依法念此六字大明陀羅尼，是人而得無盡辯才，得清淨智聚，得大慈悲；如是之人，日日得具六波羅蜜多圓滿功德。是人得天轉輪灌頂，是人於其口中所出之氣，觸他人身，所觸之人發起慈心，離諸瞋毒，當得不退轉菩薩，速疾證得阿耨多羅三藐三菩提。若此戴持之人，以手觸於餘人之身，蒙所觸者，是人速得菩薩之位。若是戴持之人，見其男子、女人、童男、童女，乃至異類諸有情身，如是得所見者，悉皆速得菩薩之位。如是之人，而永不受生老病死苦、愛別離苦，而得不可思議相應念誦。今此六字大明陀羅尼，作如是說。」

佛說大乘莊嚴寶王經卷第三

佛說大乘莊嚴寶王經卷第四

西天中印度惹爛馱囉國密林寺三藏賜紫沙門臣天息災奉　詔譯

爾時，除蓋障菩薩而白佛言：「世尊！我今云何得是六字大明陀羅尼？若得彼者，不可思議無量禪定相應，即同得阿耨多羅三藐三菩提，入解脫門，見涅盤地，貪瞋永滅，法藏圓滿，破壞五趣輪迴，淨諸地獄，斷除煩惱，救度傍生，圓滿法味，一切智智演說無盡。世尊！我須是六字大明陀羅尼，我為此故，以四大洲滿中七寶布施，以為書寫。世尊！若乏紙筆，我刺身血以為墨，剝皮為紙，析骨為筆。如是，世尊！我無悔恪，尊重如我父母。」

爾時，佛告除蓋障菩薩言：「善男子！我念過去世時，為此六字大明陀羅尼，遍歷如微塵數世界；我供養無數百千萬俱胝那庾多如來，我當於彼諸如來處，不得而亦不聞。時，世有佛，名寶上如來、應供、正遍知、明行足、善逝、世間解、無上士、調御丈夫、天人師、佛、世尊，我當於彼佛前涕淚悲泣。時，彼如來、應、正等覺言：『善男子！汝去，勿應悲泣。善男子！汝往到彼，見蓮華上如來、應、正等覺，在於彼處，彼佛知是六字大明陀羅尼。』

「善男子！我當辭離寶上如來所，往詣蓮華上如來佛剎。到已，頂禮佛足，合掌在前：『唯願世尊與我六字大明陀羅尼，彼真言王，一切本母，憶念其名，罪垢消除，疾證菩提。為於此故，我今疲困，我往無數世界而不能得，今迴來於此處。』

「是時，蓮華上如來即說此六字大明陀羅尼功德言：『善男子！所有微塵我能數其數量；善男子！若有念此六字大明陀羅尼一遍所獲功德，而我不能數其數量。善男子！又如大海所有沙數，我能數其一一數量；善男子！若念六字大明一遍所獲功德，而我不能數其數量。善男子！又如天人造立倉廩，周一千踰繕那，高一百踰繕那，貯積脂麻，盈滿其中，而無容針，彼守護者不老不死，過於百劫，擲其一粒脂麻在外，如是倉內擲盡無餘，我能數其數量；善男子！若念六字大明一遍所獲功德，而我不能數其數量。善男子！又如四大洲種植種種穀麥等物，龍王降澍雨澤以時，所植之物悉皆成熟，收刈俱畢，以南贍部洲而為其場，以車乘等般運場所，治踐俱畢，都成大聚，善男子！如是我能數其一一粒數；善男子！若念此六字大明一遍所獲功德，我則不能數其數量。

「『善男子！此南贍部洲所有大河晝夜流注，所謂：枲多河、弶誐河、焰母那河、嚩芻河、設多嚕㮈囉(合二)河、贊㮈囉(合二)婆蘖河、愛囉嚩底河、蘇摩誐馱河、呬摩河、迦攞戍那哩河，此一一河各有五千眷屬小河，於其晝夜流入大海，如是，善男子！彼等大河，我能數其一一滴數；善男子！若念此六字大明一遍所獲功德，而我不能數其數量。善男子！又如四大洲所有四足有情：師子、象、馬、野牛、水牛、虎、狼、猴、鹿、羖羊、犲、兔，如是等四足之類，我能數其一一毛數；善男子！若念六字大明一遍所獲功德，而我不能數其數量。善男子！又如金剛鉤山王，高九萬九千踰繕那，下八萬四千踰繕那，彼金剛鉤山王方面各八萬四千踰繕那，彼山有人不老不死，經於一劫旋遶彼山而得一匝，如是山王，我以憍尸迦衣，我能拂盡無餘；若有念此六字大明一遍所獲功德，而我不能說盡數量。

「『善男子！又如大海深八萬四千踰繕那，穴口廣闊無量，我能以一毛端滴盡無餘；善男子！若有念此六字大明一遍所獲功德，而我不能說盡數量。善男子！又如大尸利沙樹林，我能數盡一一葉數；善男子！若有念此六字大明一遍所獲功德，而我不能說盡數量。善男子！又如滿四大洲所住男子、女人、童子、童女，如是一切皆得七地菩薩之位，彼菩薩眾所有功德，與念六字大明一遍功德，而無有異。善男子！又如除十二月年，遇閏一十三月，以餘閏月算數為年，足滿天上一劫，於其晝夜常降大雨，善男子！如是我能數其一一滴數；若有念此六字大明陀羅尼一遍，功德數量甚多於彼。於意云何？善男子！又如一俱胝數如來，在於一處經天一劫，以衣服、飲食、座臥、敷具，及以湯藥受用資具，種種供養彼諸如來，而亦不能數盡六字大明功德數量。非唯我今在此世界，我起定中不可思議。善男子！此法微妙，加行觀智一切相應，汝於未來當得是微妙心法，彼觀自在菩薩摩訶薩善住如是六字大明陀羅尼。

「『善男子！我以加行，遍歷無數百千萬俱胝那庾多世界，到彼無量壽如來所，在前合掌，為於法故，涕泣流淚。時，無量壽如來知我見在及以未來，而告我言：「善男子！汝須此六字大明王觀行瑜伽耶？」我時白言：「我須是法！世尊！我須是法！善逝！如渴乏者而須其水。世尊！我為是六字大明陀羅尼故，行無數世界，承事供養無數百千萬俱胝那庾多如來，未曾得是六字大明王陀羅尼，唯願世尊救我愚鈍，如不具足者，令得具足，迷失路者引示道路，陽炎熱為作蔭覆，於四衢道植娑羅樹。我心渴仰是法，唯願示導，令得善住究竟之道，擐金剛甲冑。」

「『是時，無量壽如來、應、正等覺以迦陵頻伽音聲，告觀自在菩薩摩訶薩言：「善男子！汝見是蓮華上如來、應、正等覺為此六字大明陀羅尼故，遍歷無數百千萬俱胝那庾多世界。善男子！汝應與是六字大明，此如來為是故來於此。」

「『觀自在菩薩白世尊言：「不見曼拏攞者，不能得此法，云何知是蓮華印？云何知是持摩尼印？云何知是一切王印？云何知是曼拏攞清淨體？今此曼拏攞相，周圍四方各五肘量，中心曼拏攞安立無量壽，粉布應用因捺囉(合二)彌攞寶粖、鉢訥麼(合二)囉(引)誐寶粖、摩囉揭多寶粖、玻胝迦寶粖、蘇嚩囉拏(合二)嚕(引)播寶粖。於無量壽如來右邊安持大摩尼寶菩薩，於佛左邊安六字大明，四臂肉色白如月色，種種寶莊嚴，左手持蓮華，於蓮華上安摩尼寶，右手持數珠，下二手結一切王印。於六字大明足下安天人，種種莊嚴，右手執香爐，左手掌鉢，滿盛諸寶。於曼拏攞四角列四大天王，執持種種器仗。於曼拏攞外四角，安四賢瓶，滿盛種種摩尼之寶。若有善男子、善女人欲入是曼拏攞者，所有眷屬不及入是曼拏攞中，但書其名，彼先入者擲彼眷屬名字入於曼拏攞中，彼諸眷屬皆得菩薩之位，於其人中離諸苦惱，速疾證得阿耨多羅三藐三菩提。彼阿闍梨不得妄傳，若有方便善巧，深信大乘加行，志求解脫，如是之人應與，不應與外道異見。」

「『是時，無量壽如來、應、正等覺告觀自在菩薩摩訶薩言：「善男子！若有如是五種色寶粖，當得建置是曼拏攞。若善男子、善女人貧匱不能辦是寶粖者，云何？」觀自在白言：「世尊！當以方便用種種顏色而作，以種種香花等供養。若善男子而亦不辦，或寄旅停，或在道行時，阿闍梨運意想成曼拏攞，結阿闍梨印相。」』

「是時，蓮華上如來、應、正等覺告觀自在菩薩言：『善男子！與我說是六字大明王陀羅尼！我為無數百千萬俱胝那庾多有情，令離輪迴苦惱，速疾證得阿耨多羅三藐三菩提故。』是時，觀自在菩薩摩訶薩與蓮華上如來、應、正等覺說是六字大明陀羅尼曰：

唵引麼抳鉢　訥銘二合吽引

「當說此六字大明陀羅尼時，此四大洲并諸天宮，悉皆震搖如芭蕉葉，四大海水波浪騰湧，一切尾那野迦、藥叉、囉刹娑、拱伴拏、摩賀迦攞等并諸眷屬諸魔作障者，悉皆怖散馳走。

「爾時，蓮華上如來、應、正等覺舒如象王鼻臂，授與觀自在菩薩摩訶薩價直百千真珠瓔珞，以用供養。觀自在菩薩既受得已，持奉上彼無量壽如來、應、正等覺；彼佛受已，還持奉上蓮華上如來。而於是時，蓮華上佛既受得是六字大明陀羅尼已，而還復彼蓮華上世界中。如是，善男子！我於往昔之時，於彼蓮華上如來、應、正等覺所，得聞是陀羅尼。」

爾時，除蓋障菩薩而白佛言：「世尊！令我云何得是六字大明陀羅尼？世尊！如是相應甘露，德味充滿。世尊！我若得聞是陀羅尼而無懈惓，心念思惟而能受持，令諸有情而得聞是六字大明陀羅尼，獲大功德，願為宣說。」

佛告：「善男子！若有人書寫此六字大明陀羅尼者，則同書寫八萬四千法藏而無有異。若有人以天金寶，造作如微塵數如來、應、正等覺形像，如是作已，而於一日慶讚供養，所獲果報，不如書寫此六字大明陀羅尼中一字所獲果報功德，不可思議善住解脫。若善男子、善女人依法念此六字大明陀羅尼者，是人當得三摩地，所謂：持摩尼寶三摩地、廣博三摩地、清淨地獄傍生三摩地、金剛甲冑三摩地、妙足平滿三摩地、入諸方便三摩地、入諸法三摩地、觀莊嚴三摩地、法車聲三摩地、遠離貪瞋癡三摩地、無邊際三摩地、六波羅蜜多門三摩地、持大妙高三摩地、救諸怖畏三摩地、現諸佛剎三摩地、觀察諸佛三摩地，得如是等一百八三摩地。」

是時，除蓋障菩薩白佛言：「世尊！我今為於何處，令我得是六字大明陀羅尼？願為宣示。」

佛告：「善男子！於波羅奈大城有一法師，而常作意受持，課誦六字大明陀羅尼。」

白世尊言：「我今欲往波羅奈大城，見彼法師，禮拜供養。」

佛言：「善哉！善哉！善男子！彼法師者難得值遇，能受持是六字大明陀羅尼，見彼法師同見如來無異，如見功德聖地，又如見福德之聚，如見珍寶之積，如見施願如意摩尼珠，如見法藏，如見救世者。善男子！汝若見彼法師，不得生其輕慢、疑慮之心。善男子！恐退失汝菩薩之地，反受沈淪。彼之法師，戒行缺犯而有妻子，大小便利觸污袈裟，無有威儀。」

爾時，除蓋障白世尊言：「如佛教勅。」

於是除蓋障菩薩與無數菩薩，出家之眾長者、童子、童女擁從，欲興供養，持其天蓋及諸供具，寶冠、珥璫莊嚴，瓔珞、指鐶、寶釧、憍尸迦等衣服、繒綵、臥具；復有種種妙華，所謂：優鉢羅華、矩母那華、奔拏哩引迦華、曼那囉華、摩訶曼那囉華、曼殊沙華、摩訶曼殊沙華、優曇鉢羅華；復有種種樹華：瞻波迦華、迦囉尾囉華、波吒攞華、阿底目訖多二合迦華、嚩嘌史二合迦引設華、君去哆華、蘇摩娜華、麼哩迦引華，而有鴛鴦、白鶴、舍利飛騰而隨；復有百種葉，青、黃、赤、白、紅、玻胝迦等色；復有種種珍果，持如是等供養之物，往波羅奈大城，詣法師所。

到已，頭面禮足，雖見彼法師戒行缺犯，無有威儀，以所持繖蓋、供具、香華、衣服、莊嚴物等，大興供養畢已，合掌住彼法師前言：「大法藏是甘露味藏，是甚深法海，由如虛空，一切之人聽汝說法，天、龍、藥叉、彥達嚩、阿蘇囉、誐嚕拏、摩護囉藥、人非人等，於汝說法之時，一切皆來聽汝說法，如大金剛，令諸有情解脫纏縛輪迴之報。彼等有情獲斯福德，此波羅奈大城所住之人，常見汝故，諸罪悉滅，猶如於火焚燒林木。如來、應、正等覺了知於汝，今有無數百千萬俱胝那庾多菩薩，來詣於汝，興供養事。大梵天王、那羅延天、大自在天、日天、月天、風天、水天、火天、閻魔法王，并四大天王皆來供養。」

是時，法師白言：「善男子！汝為戲耶？為實有所求？聖者為於世間斷除輪迴煩惱耶？善男子！若有得此六字大明王陀羅尼者，是人貪、瞋、癡三毒不能染污，猶如紫磨金寶，塵垢不可染著。如是，善男子！此六字大明陀羅尼，若有戴持在身中者，是人亦不染著貪、瞋、癡病。」

爾時，除蓋障菩薩執於彼足白言：「未具明眼，迷失妙道，誰為引導？我今渴法，願濟法味，今我未得無上正等菩提，令善安住菩提法種，色身清淨，眾善不壞，令諸有情皆得是法。」

眾人說言：「勿懷悋惜，唯願法師與我六字大明王法，令於我等速得阿耨多羅三藐三菩提，當轉十二法輪，救度一切有情輪迴苦惱。此大明王法昔所未聞，今令我得六字大明王陀羅尼，無救無依為作恃怙，闇夜之中為燃明炬。」

時，彼法師告言：「此六字大明王陀羅尼難得值遇，如彼金剛不可破壞，如見無上智，如無盡智，如如來清淨智，如入無上解脫，遠離貪、瞋、癡輪迴苦惱，如禪、解脫、三摩地、三摩鉢底，如入一切法而於恒時聖衆愛樂。若有善男子於種種處，為求解脫，遵奉種種外道法，所謂：敬事帝釋，或事白衣，或事青衣，或事日天，或事大自在天、那羅延天，蘗嚕拏中，裸形外道中：愛樂如是之處，彼等不得解脫無明虛妄，空得修行之名，徒自疲勞。一切天衆、大梵天王、帝釋天主、那羅延天、大自在天、日天、月天、風天、水天、火天、閻魔法王、四大天王，而於恒時云何求我六字大明王？彼等得我六字大明王，皆得解脫故。除蓋障！一切如來般若波羅蜜多母，宣說如是六字大明王，一切如來、應、正等覺及菩薩衆，而皆恭敬，合掌作禮。

「善男子！此法於大乘中，最上精純微妙。何以故？於諸大乘契經、應頌、授記、諷頌、譬喻、本生、方廣、希法、論議中得。善男子！獲斯本母，寂靜解脫何假多耶？猶如收精稻穀於已舍宅，器盛盈滿，日曝令乾，擣治扇颺，棄彼糠皮。何以故？為收精米。如是餘異瑜伽，如彼糠皮；於一切瑜伽中，此六字大明王如糠米見。善男子！菩薩為斯法故，行施波羅蜜多及持戒、忍辱、精進、靜慮、般若波羅蜜多。善男子！此六字大明王難得值遇，但念一遍，是人當得一切如來以衣服、飲食、湯藥及座臥等資具一切供養。」

爾時，除蓋障菩薩白法師言：「與我六字大明陀羅尼。」

時，彼法師正念思惟，而於虛空忽有聲云：「聖者與是六字大明王。」

時，彼法師思惟：「是聲從何而出？」

於虛空中復出聲云：「聖者！今此菩薩加行志求冥應，與是六字大明王矣！」

時，彼法師觀見虛空中蓮華手蓮華吉祥，如秋月色髮髻，寶冠頂戴，一切智殊妙莊嚴。見如是身相，法師告除蓋障言：「善男子！觀自在菩薩摩訶薩可令與汝六字大明王陀羅尼，汝應諦聽！」

時，彼合掌虔恭，聽是六字大明王陀羅尼曰：

唵(引)麼抳鉢訥銘(引二合)吽(引)

於是與彼陀羅尼時，其地悉皆六種震動。除蓋障菩薩得此三摩地時，復得微妙慧三摩地、發起慈悲三摩地、相應行三摩地。得是三摩地已，時，除蓋障菩薩摩訶薩以四大洲滿中七寶，奉獻供養法師。於是法師告言：「今所供養，未直一字，云何供養六字大明？不受汝供！善男子！汝是菩薩聖者，非非聖者！」

彼除蓋障復以價直百千真珠瓔珞，供養法師。時，彼法師言：「善男子！當聽我言，汝應持此供養釋迦牟尼如來、應、正等覺。」

爾時，除蓋障菩薩頭面禮法師足已，既獲滿足其意，辭彼而去，而復往詣祇陀林園，到已，頂禮佛足。

爾時，世尊釋迦牟尼如來、應、正等覺告言：「善男子！知汝已有所得。」

「如是！世尊！」

而於是時，有七十七俱胝如來、應、正等覺皆來集會，彼諸如來同說陀羅尼曰：

曩莫(⊙入一)　颯鉢哆(二合引)喃(引二)　三藐訖三(二合)沒馱(三)　句(引)致喃(引四)　怛儞也(二合反)他(去五)　唵(引)左
肆(引)祖隸(引)嚩(上)禰(引六)　娑嚩(二合引)賀(引十)

「於是七十七俱胝如來、應、正等覺說此陀羅尼時，彼觀自在菩薩身有一毛孔名日光明，是中有無數百千萬俱胝那庾多菩薩。於彼日光明毛孔中，復有一萬二千金山，其一一山各千二百峯，其山周匝蓮華色寶以為莊嚴，而於周匝有天摩尼寶適意園林。又有種種天池，又有無數百千萬金寶莊嚴樓閣，上懸百千衣服、真珠瓔珞。彼樓閣中有微妙如意寶珠，供給彼諸菩薩摩訶薩一切所須資具，時諸菩薩入樓閣中而念六字大明。是時，見涅盤地，到彼涅盤之地，見於如來，觀見觀自在菩薩摩訶薩，心生歡喜。於是菩薩出彼樓閣，往經行處，而於其中有諸寶園，而復往詣浴池，復往蓮華色寶山，在於一面結跏趺坐而入三昧。如是，善男子！菩薩住彼毛孔。

「善男子！復有毛孔名帝釋王，其中有無數百千萬俱胝那庾多不退轉菩薩。於是帝釋王毛孔中，復有八萬天金寶山，於其山中有如意摩尼寶，名蓮華光，隨彼菩薩心所思惟，皆得成就。時，彼菩薩於彼山中，若念飲食，無不滿足，而無輪迴煩惱之苦，恒時思惟其身，無異思惟。

「善男子！復有毛孔名曰大藥，於中有無數百千萬俱胝那庾多初發心菩薩。善男子！於彼毛孔，有九萬九千山，於此山中有金剛寶窟、金寶窟、銀寶窟、帝青寶窟、蓮華色寶窟、綠色寶窟、玻胝迦色寶窟；如是山王有八萬峯，種種適意摩尼及諸妙寶莊嚴其上，於彼峯中有彥達嚩衆恒奏樂音。彼初發心菩薩，思惟空、無相、無我、生苦、老苦、病苦、死苦、愛別離苦、怨憎會苦、墮阿鼻地獄苦、墮黑繩地獄諸有情苦、墮餓鬼趣諸有情苦。作是思惟時，結跏趺坐而入三昧，於彼山中而住。

「善男子！有一毛孔，名績畫王，是中有無數百千萬俱胝那庾多緣覺衆，現火焰光。於彼毛孔有百千萬山王，彼諸山王七寶莊嚴。復有種種劫樹，金銀為葉，無數百寶種種莊嚴，上懸寶冠、珥璫、衣服、種種瓔珞，懸諸寶鈴、憍尸迦衣，復有金銀寶鈴震響丁丁。如是劫樹充滿山中，無數緣覺於彼而住，常說契經、應頌、授記、諷頌、譬喻、本生、方廣、希法、論議如是之法。

「除蓋障！時，諸緣覺出彼毛孔，最後有一毛孔，名曰皤王，廣八萬踰繕那。於中有八萬山，種種妙寶及適意摩尼以為嚴飾。彼山王中有無數劫樹，無數百千萬栴檀香樹，無數百千萬大樹。復有金剛寶地，復有九十九樓閣，上懸百千萬金寶、真珠、瓔珞、衣服，於彼毛孔如是出現。」

為除蓋障說已，爾時，佛告阿難陀：「若有不知業報，於精舍內洟唾及大小便利等，今為汝說。若於常住地洟唾者，是人生於娑羅樹中，為針口蟲，經十二年。若於常住地大小便利者，是人於波羅柰大城大小便利中，生為穢污蟲。若私用常住齒木者，墮在龜魚及摩竭魚中生。若盜用常住油麻、米豆等者，墮在餓鬼趣中，頭髮蓬亂，身毛皆豎，腹大如山，其咽如針，燃燒枯燋，唯殘骸骨，是人受斯苦報。若輕慢眾僧者，是人當墮貧賤家生，隨所生處根相不具，背傴矬陋；捨是身已而復生處，多病痟瘦，手足攣躄，而有膿血盈流其身，零落身肉，經百千萬歲受斯苦報。若盜用常住地者，墮大號叫地獄中，口吞鐵丸，唇齒、*齗㗁及其咽喉，悉燒爛壞，心肝、腸胃遍體燋然。」

時，有苾芻言：「業風吹彼，死而復活。」

「於是閻魔獄卒驅領罪人，彼自業感生於大舌，有百千萬鐵犁耕彼舌上，受是苦報經多千萬年。於此地獄出已，復入大火鑊地獄，彼有閻魔獄卒驅領罪人，以百千萬針刺其舌上，業力故活，驅至火坑而擲入中，又驅至奈河而擲入中，而亦不死。如是展轉入餘地獄，經歷三劫，是人復於南贍部洲貧賤家生，其身盲瞑，受斯苦報。慎勿盜用常住財物！

「若苾芻持戒，應受持三衣。若入王宮，應當披持第一大衣；若常衆中，應當披持第二衣；若作務時，或入村落，或入城隍，或道行時，應當披持第三衣。苾芻應如是受持三衣，若得戒，得功德，得智慧。我說苾芻應持是戒，不得盜用常住財物，猶如火坑。常住如毒藥，常住如重擔；毒藥可能救療，若盜用常住物者，無能救濟。」

爾時，具壽阿難陀白世尊言：「如佛教勅，當具行學，若苾芻受持別解脫，應善安住，守護世尊學處。」

時，具壽阿難陀頂禮佛足，遶已而退。時，諸大聲聞各各退還本處，一切世間天、龍、藥叉、彥達嚩、阿蘇囉、蘗嚕拏、緊那囉、摩護囉誐、人非人等，聞佛說已，歡喜信受，禮佛而退。

佛說大乘莊嚴寶王經卷第四

七俱胝佛母所說准提陀羅尼經

七俱胝佛母所說准提陀羅尼經

開府儀同三司特進試鴻臚卿肅國公食邑三千戶賜紫贈司空諡大監正號大廣智大興善寺三藏沙門不空奉　詔譯

如是我聞：一時，薄伽梵在名稱大城逝多林給孤獨園，與大苾芻眾，并諸菩薩及諸天龍八部前後圍繞，愍念未來薄福惡業眾生，即入准提三摩地，說過去七俱胝佛所說陀羅尼曰：

娜莫颯多南引三藐三沒馱引俱引胝南引怛儞也二合他引唵者禮主禮准泥娑嚩二合引賀引

若有修真言之行出家、在家菩薩，誦持此陀羅尼，滿九十萬遍，無量劫造十惡、四重、五無間罪，悉皆消滅，所生之處，常遇諸佛菩薩，豐饒財寶，常得出家。若是在家菩薩，修持戒行堅固不退，誦此陀羅尼常生天趣，或於人間常作國王，不墮惡趣，親近賢聖，諸天愛敬擁護加持，若營世務無諸災橫，儀容端正，言音威肅，心無憂惱。若出家菩薩具諸禁戒，三時念誦，依教修行，現生所求出世間悉地定慧現前，證地波羅蜜，圓滿疾證無上正等菩提。

若誦滿一萬遍，即於夢中見佛菩薩，即吐黑物。其人若罪尤重，誦二萬遍，即夢見諸天室寺舍，或登高山，或見上樹，或於大池中澡浴，或見騰空，或見與諸天女娛樂，或見說法，或見拔髮、剃髮，或食酪飯、飲白甘露，或度大海、江河，或昇師子座，或見菩提樹，或乘船，或見沙門，或見居士以白衣、黃衣覆頭，或見日月，或見童男、童女，或上有乳菓樹，或見黑丈夫口中吐火焰，共彼鬪得勝，或見惡馬、水牛欲來牴觸，持誦者或打或叱怖走而去，或食乳粥酪飯，或見蘇摩那花，或見國王。

若不見如是境界者，當知此人前世造五無間罪，應更誦滿七十萬遍，即見如上境界，應知罪滅，即成先行。然後依法畫本⊙尊像，或三時、或四時、或六時，依法供養，求世間、出世間悉地，乃至無上菩提皆悉獲得。

若有修持此陀羅尼，當知未來成就處所有難無難、悉地遲疾。應於一淨室，以瞿摩夷塗一小壇，隨力供養。以結界真言結十方界，以香水一瓶置在壇中，一心念誦，其瓶動轉當知所為所求事成就，若不動轉其事不成。

又法，取一瓦椀，以香塗置於壇中，專心念誦，椀若轉動事即成就，若不動事即不成。又法，欲知未來之事，先塗一小壇，令一具相福德童子，澡浴清潔著新淨衣服，以七俱胝真言，加持香塗童子手，又加持花七遍，置童子手中，令童子掩面立於壇中，又取別花誦真言，加持一遍一打童子手背，乃至二十一枚，即問童子善惡之事，童子皆說。

又法，取一明鏡置於壇中，先誦真言，加持花一百八遍已，然後又誦真言，一遍一擲打鏡面，於鏡面上即有文字現，說善惡事。又法，欲知事善不善、成就不成就，取蘇摩那花香油，誦真言加持一百八遍，塗右手大母指面，誦真言聲不斷絕，令童子觀指上，現諸佛菩薩形像，或現文字，具說善惡。又法，若人患鬼魅病，取楊柳枝或茅草，誦真言拂患者身，即得除愈。

又法，若患重病者，誦真言一百八遍，稱彼人名，以牛乳護摩即差。又法，若孩子夜啼，令童女右搓線，誦真言加持，結二十一結繫於頸下，孩子即不夜啼。又法，先加持白芥子一百八遍，然後取芥子，誦真言一遍一擲打彼鬼魅者，滿二十一遍，其鬼魅馳走，病者除愈。

又法，若有患鬼，以瞿摩夷塗一小壇，以麩炭畫地作鬼魅形，誦真言以石榴等鞭之，彼鬼啼泣，馳走而去。又法，若人被鬼魅所著，或復病者，身在遠處不能自來，或念誦人又不往彼，取楊柳枝或桃枝或花，加持一百八遍，使人將往病人所，以枝拂病人，或以花使病人嗅，或以花打病人，是魅即去，病者除差。

又法，若被蛇所嚙，或拏吉⊙儞女鬼所持，旋遶病人誦真言，其病即愈。又法，若人患癰腫等及諸毒蟲所嚙，取檀香汁和土為埿，誦真言七遍，塗瘡上即愈。又法，若在路行，誦此真言，不被賊劫傷損，亦離諸惡禽獸等難。又法，若鬪諍言訟論理，及談論求勝者，誦此真言強勝。

又法，若於江河中行，誦此真言不被漂休，及水中惡龍、摩竭、黿鼉等傷害。又法，若被囚禁繫閉者，誦此陀羅尼，速得解脫。又法，國中有疫病，七夜以油麻、粳*米，和酥蜜作護摩，即得災滅，國土安寧。又法，若求豐饒財寶者，每日以種種食護摩，得財寶豐饒。

又法，欲令人敬愛歡喜者，真言句中稱彼人名，即得歡喜順伏。又法，若無衣者，念誦即得衣。又法，意中所求，念誦皆得如意。又法，若人身體支節痛，加持手二十一遍，摩觸痛處即差。又法，若患瘧及頭痛，以加持手二十一遍，摩觸亦得除差。

又法，塗一小壇，取一銅椀盛滿淨灰，令童子兩手按灰椀上，持誦者應誦真言，本尊使者入童子身，其椀即轉，即下語童子，*即自結三部三昧耶印，誦三部真言，即取滑石過與童子，童子即於地上書過去、未來事吉凶善惡，及失脫經論廢忘難義真言印，即得知解。

又法，兩軍相敵，於樺皮上書此陀羅尼，懸於竹竿上，令人手把誦真言，彼敵即破。又法，若女人無男女，以牛黃於樺皮上，書此真言令帶，不久當有男女。又法，或有女人夫不⊙敬重，取一新瓶滿盛水，於瓶中著七寶及諸靈藥、五穀、白芥子，以繒帛繫瓶項，以真言加持一百八遍，令女人結根本印安頂上，以水灌頂，即得寵愛敬重，非但敬重亦得有子息，在胎牢固。

又法，行者每念誦時，結大印誦真言，印塔滿六十萬遍，所求之事即得滿足，觀自在菩薩、金剛手菩薩、多羅菩薩即為現身，所求如意，或作阿蘇羅宮中王，或得菩薩地，或得長年藥，或得敬愛法成就。

又法，於菩提道場，於大制底前，誦此陀羅尼，得見聖僧共語與悉地成就，得共彼同行，即共同彼聖僧。又法，於高山頂上念誦一俱胝遍，金剛手菩薩將此人領五百六十人，同共⊙入阿蘇羅宮，壽命一劫，得見彌勒菩薩，聽聞正法，聞法已，獲菩薩地得不退轉。

又法，上毘補羅山（云但有高山亦得㊟），有舍利塔像前念誦，隨力以香花供養，乞食以支身命，從月一日至十五日，誦陀羅尼滿三十萬遍，取其滿日，一日一夜不食，倍加供養，至後夜即見金剛手菩薩，將行人往自宮中，為行者則示阿蘇羅窟門，入窟中得天妙甘露，壽齊日月。

又法，於三道寶階從天下處寶塔，行者乞食、旋遶誦俱胝遍，即見無能勝菩薩，與願為說妙法，示無上菩提道。或見訶利底母將此人入自宮中與長年藥，還童年少端正可喜，獲得伏藏大人許可，應廣利益三寶，得一切菩薩安慰，示其正道，乃至菩提道場。

又法，若人無宿善根，無菩提種，不修菩提行，纔誦一遍則生菩提法芽，何況常能念誦受持！

七俱胝准提陀羅尼念誦儀軌

若有修習此陀羅尼求成就者，先須澡浴，應著淨衣，嚴飾道場，安置本尊，隨力所辦。其道場法，應擇勝地，作四肘壇，掘深三肘，除去瓦礫、惡土、髮毛及骨灰炭、蟲蟻等，以好淨土填滿築平。掘無惡土即取舊土填，土若有*賸，當知其地是大吉祥，速疾成就。取未墮地瞿摩夷，以香水和沙好土為埿，誦無能勝菩薩真言加持二十一遍，然後埿壇。埿已，復取五淨相和（五淨者：瞿摩夷汁、牛尿、酪、乳、酥㊟），以無能勝菩薩真言加持一百八遍，右旋遍塗其壇。

若於山石上建立，或在樓閣、或居船上一切賢聖得道處，但以五淨塗拭，面向東坐，結無能勝印按地，誦真言七遍加持壇中心，又取諸藥、七寶并五穀各少分，掘⊙壇中心深一肘，安諸藥及七寶，復取舊土填滿平治，以右手按，誦地天偈三遍，警覺地天神，偈曰：

汝天親護者，　於諸佛道師，　修行殊勝行，　淨地波羅蜜。
如破魔軍衆，　釋師子救世，　我亦降伏魔，　我畫曼荼羅。

誦地天真言曰：

曩莫三漫多沒馱（引）南（引）畢哩（二合）體（他以反）微曳（二合）娑嚩（二合）賀

誦偈加持已，然後以檀香塗九箇聖位，如滿月以新淨供具，金、銀、熟銅、商*佉、貝、玉、石、瓷、木等新器，盛諸飲食及好香、草、燈燭、閼伽、香水，隨力所有布列供養。若在家、出家菩薩求成就者，每入道場，先應禮佛，懺悔、隨喜、勸請、發願已，應自誓受菩提心戒，真言曰：

唵沒(引)地止多母怛跛(引二合)娜野弭

菩提心者離一切我執，遠離蘊、處、界，及離能取、所取，於法平等，自心本不生；自性空故，如過去一切佛菩薩發菩提心，我亦如是，此名自誓受菩提心戒。由誦一遍思惟勝義諦，獲得無量無邊無為功德，莊嚴三業乃至菩提道場，其福無間斷，速滅一切業障，真言速得成就，本尊現前。如花嚴入法界品，慈氏菩薩為善財童子說菩提心功德。

自誓菩提心戒已，全跏、半跏隨意而坐，端身閉目即結定印，想空中准提佛母與七俱胝佛圍繞，遍滿虛空。定中禮一切諸佛及准提佛母，然後以⊙香塗手，應結契印。

佛部三摩耶印：二手虛心合掌，開二頭指，屈輔二中指甲下第一節側，二大指各附二頭指根下即成。當心誦真言七遍，想於如來三十二相、八十種好，相好分明如對目前。真言曰：

唵怛他(引)孽都納婆(二合)嚩(引)野娑嚩(二合引)賀

由結此印誦真言故，即警覺一切如來悉當護念加持行者，以光明照觸，所有罪障皆得消滅，壽命長遠，福慧增長，佛部聖眾擁護歡喜，生生世世離諸惡趣，蓮花化生，速證無上正等菩提。

蓮花部三麼耶印：以二手虛心合掌，散開二頭指、二中指、二無名指，屈如蓮花形。安印當心，誦真言七遍，想觀自在菩薩相好具足，於頂右散。真言曰：

唵跛娜謨(二合引)納婆(二合)嚩(引)野娑嚩(二合引)賀(引)

由結此印誦真言故，即警覺觀自在菩薩等持蓮花者，一切菩薩光明照觸，所有業障皆悉除滅，一切菩薩常為善友。

金剛部三麼耶印：以左手翻向外，以右手掌背安左手背，以左右大小指互相鉤，如金剛杵形。安於當心，想金剛手菩薩，誦真言七遍，頂左散印。真言曰：

唵嚩日嚧(二合)納婆(二合)嚩(引)野娑嚩(二合引)賀(引)

由結此印及誦真言故，即警覺一切金剛聖衆加持擁護，所有罪障皆得除滅，一切痛苦終不著身，當得金剛堅固之體。

次結第二根本印（用護身）：二手外相叉，二頭指、二大指並直竪即成。誦佛母心真言，印身五處，所謂額、次右肩、次左肩、次心、次喉，頂上散。真言曰：

唵迦麼黎尾麼黎准泥娑嚩（二合引）賀（引）

結護身印時，起大慈心，遍緣六道、四生，願一切有情披大誓莊嚴堅固金剛甲冑，速證無上正等菩提。

次結地界橛印：二手內相叉，竪二大指、二頭指、二小指各相合，屈左頭指如鉤，三掣大母指，指地印成。一掣誦真言一遍，真言曰：

唵准儞儞枳邏野娑嚩（二合引）賀

由結此印誦真言加持地界故，下至水際如金剛座，天魔及諸障者不為惱害，少加功力速得成就。持誦者次應於壇中心，想八葉大蓮花，上有師子座，座上有寶樓閣，垂諸瓔珞、繒幡、幢蓋，寶柱行列，垂妙天衣，周布香雲，普雨雜花，奏諸音樂，寶瓶、閼伽天妙飲食，摩尼為燈。如無曼荼羅，但於空中觀想即成。

作此觀已，應誦此偈：

以我功德力，　如來加持力，　及以法界力，　普供養而住。

誦此偈已，即誦大虛空藏菩薩真言曰：

唵誐誐曩三婆嚩嚩日囉(二合)斛(引)

由誦此真言加持故，所想供養具真實無異，一切聖眾皆得受用。

次結寶車輅印：二手內相叉仰掌，二頭指橫相拄，以二大指各捻頭指根下。想七寶車輅，佛部使者駕御七寶車輅，乘空而去，至於色界頂阿迦尼吒天毘盧遮那佛宮殿中。誦真言七遍，真言曰：

唵覩嚕覩嚕吽(引)

由誦真言結印加持故，七寶車輅至色界頂，准提佛母并八大菩薩及諸聖眾眷屬圍遶，乘七寶車輅。

次結請車輅印：准前印以大指向身，撥中指即成。誦真言七遍，真言曰：

曩莫悉底哩(二合)野地尾(二合)迦南(引一) 怛他(引)孽多(引)南(二) 唵縛日啷(二合)擬(伽以反)羯哩灑(二合)也娑嚩(二合引)賀

由誦真言加持故，聖衆從本土來至道場空中而住。

次結請本尊印：從車輅下降於道場，准前第一根本印，以二大指向身招。誦真言三遍，真言曰：

唵者禮主禮准泥翳醯曳(二合)呬娑誐嚩底(丁以反)娑嚩(二合引)賀

次結無能勝菩薩印，辟除障者：二手右押左內相叉作拳，竪二中指頭相合即成。遶身左旋三匝，作是思惟：所有障者毘那夜迦諸惡鬼神遠走而去，所來聖衆不越本三麼耶大悲而住，願垂加護。

曩莫三滿多勃馱(引)南(引)唵戶魯戶嚕戰拏里麼(引)蹬者娑嚩(二合引)賀

次結牆界印：准前地界印，屈右頭指展左頭指，右旋三匝，隨心近遠即成金剛堅固之城。諸佛菩薩尚不違越，何況諸餘難調伏者、毘那夜迦及毒蟲利牙爪者不能輔近！真言曰：

唵准儞儜鉢囉(二合)迦囉耶娑嚩(二合引)賀(引)

次結上方網界印：准前牆界印，展左頭指，右押左當中節相交即成。誦此真言三遍，真言曰：

唵准儞儜半惹囉娑嚩(二合引)賀

由誦真言結印加持故，即成金剛堅固不壞之網。

次結火院密縫印：以左手掩右手背相重，直竪二大指即成。誦真言三遍右旋三匝，想金剛牆外有金剛火圍繞。真言曰：

唵阿三莽擬(以伽反)儞吽(引)發吒(半音)

由結此印誦真言，成大結護密縫，不被諸魔入。

次結閼伽印：二手內相叉，竪二中指頭相著，以二頭指捻二中指背，二大指側附二頭指根下，即成根本印。准前根本印，微屈二大指入掌，即成閼伽印。誦真言三遍，真言曰：

唵者禮主禮准泥遏鉗鉢羅(二合)底蹉婆誐嚩底(丁曳反)娑嚩(二合引)賀(引)

行者思惟聖衆了了分明，想自身在諸佛聖衆足下，手持七寶閼伽器，盛香水浴聖衆足，由獻閼伽香水故，行者三業清淨，洗滌煩惱垢，業障消滅。

次結蓮花座印：准前根本印，並二大指向身竪，運想從此印流出無量師子座，奉獻一切聖衆，是諸聖衆各各皆坐。真言曰：

唵迦麼邏娑嚩(引二合)賀

由結座印誦真言，奉獻聖衆故，行者當得十地滿足，得金剛之座。

⊙次結澡浴印☆：准前根本印，以二大母指頭捻二中指中節即成。誦真言三遍，真言曰：

唵者娑嚩(引二合)賀(引)

想從此印流出無量光明，一一光明道有無量七寶賢瓶。想滿天妙香水，灌注一切聖衆澡浴。復想空中有無量天樂，供養本尊諸佛菩薩一切聖衆。由結此印誦真言故，行者不久當證法雲地。

次結塗香印：准前根本印，以二大指博著右頭指下節即成。⊙誦真言三遍，真言曰：

唵禮娑嚩引二合賀引

想從此印流出無量光明，一一光明道有無量天妙塗香、粖香雲海，供養本尊諸佛菩薩一切聖衆。由結此印誦真言故，當證一切如來戒、定、慧、解脫、解脫知見香。

次結花印：准前根本印，以二大指博著左頭指下節即成。誦真言三遍，真言曰：

唵主娑嚩引二合賀引

想從此印流出無量光明，一一光明道有無量天妙花雲海，供養本尊諸佛菩薩一切聖衆。由結此印誦真言故，當得大慈三摩地成就，能利樂無邊衆生，諸災難不著身。

次結燒香印：准前根本印，屈右頭指捻二大指頭即成。誦真言三遍，真言曰：

唵禮娑嚩（二合）賀

想從此印流出無量光明，一一光明道有無量和合俱生天妙燒香雲海，供養本尊諸佛菩薩一切聖衆。由結此印誦真言故，當得普遍法界三摩地成就。

次結飲食印：准前根本印，以左頭指捻二大指頭即成。誦真言三遍，真言曰：

唵准娑嚩（引二合）賀（引）

想從此印流出無量光明，一一光明道有無量天妙種種飲食雲海，供養本尊諸佛菩薩一切聖衆，當得法喜禪悅食，三解脫最勝味，三摩地成就。

次結燈印：准前根本印，以二頭指各捻二大指頭即成。誦真言三遍，真言曰：

*唵泥娑嚩（引二合）賀

想從此印流出無量光明，一一光明道有無量種種七寶燈燭雲海，供養本尊諸佛菩薩一切聖衆，當得般若波羅蜜光明五眼清淨。

次誦讚歎：

阿嚩怛囉左覲囉娜（二合）舍（引）囉馱（二合）娑麼（二合）囉哩補句致鉢囉（二合）拏麼跛娜尾呬帝阿者禮

怛穌娑哩素儞祖禮悉皷思准泥薩囉(二合)悶底南(引)娑嚩捨麼儞娑嚩(二合引)罕(引)帝薩跛囉(二合)拏吠怛儞也(二合)他(引)訖灑(二合)囉(引)拏蘗帝阿尾儞多薩怛嚩(二合)娜麼顊囉(二合)枲那路(引)迦怛囉(二合)野(引)囉他(二合)迦唎囉訖多(二合引)囉尾(二合引)那戍(引)鼻顊播(引)怛囉(二合)迦囉鐸訖使(二合)顊娑普(二合)砧悉體(二合)怛嚩(二合引)進底多麼囉貪(二合去)瑟砧(二合)李佉惹曩顊(慈以反下同)那儞底薩帝(知曳反)曩跛囉(二合)曩跛囉(二合)庫舞(二合)地囇囉始嚟野薩怛梵帝(知曳反)囉弭焰(二合引)惹閉(去)怛母(二合)顊帽(引)儞(儞夷反)嚩日哩(二合)擔抳邏馱淰(二合)素囉哩補娑嚩南跛囉(二合)吠捨野底阿(引)哩野(二合)嚩路(引)抧帝皤悉皷底諾僧捨間薩怛多惹播(引)多(半音呼多諾反)曩悉底(二合)薩怛梵(三合引)曩那娜惹蘗底緊旨儞也(二合)羯底(二合)毘藥(二合)壹底娑迦羅播(引)跛曩(引)舍顊婆誐嚩底跛恥多麼(引)怛囉(二合)悉地迦哩布囉野麼努(引)囉貪冥枲娜底曩怛梵(二合)娑麼(二合)嚩迦室子(二合)多(半音)

次說本尊陀羅尼布字法。

從頂至足觀一一真言字，屈曲分明流出光明，照六道、四生輪迴有情，深起悲愍施與安樂，用陀羅尼九字，布列於行者身即成。以如來印八大菩薩所加持身，若作息災、增益、降伏、敬愛，隨四種法，所謂白、黃、黑、赤，成辦悉地。

即結布字印：二手內相叉，二大指、二頭指、二小指相合即成。想唵  字

安於頂，以大母指觸頭上。次想兩目童人上俱，想者字，復以大母指觸右左眼上。次想禮字安於頸上，用大母指觸。次想主字當心，以大母指觸。次想禮字安左右肩，以大母指觸。次想准字安臍上，以大母指觸。次想泥字安右左兩髀上，以小指觸。次想娑嚩合二字安右左兩*脛上，以小指觸。次想賀字安右左兩足掌，用小指觸。

由想布真言結印加持故，行者身即成准泥佛母身，滅除一切業障，積集無量福德吉祥，其身成金剛不壞體。若能常專注觀行，一切悉地皆得*現前，速證無上正等菩提。

次結根本印，誦根本真言七遍，頂上散印，即取菩提子念珠具一百八，依法貫穿，即以塗香塗其珠上，以二手掌中捧珠當心，誦真言七遍加持念珠，真言曰：

唵尾嚧引遮那引摩羅娑嚩二合賀引

加持頂戴，心口作是願言：「我今欲念誦，唯願本尊、諸佛菩薩加持護念，願令速得隨意所求悉地圓滿。」然後以左手無名指大指承珠，右手以大指無名指移珠，手如說法相。當於心前持珠念誦，其聲不緩不急，心專注不異緣，觀自身同本尊身相好具足。

又於身前壇中，觀想七俱胝佛母與眷屬圍遶，了了分明對坐，每稱娑嚩(二合)賀字同時移一珠，或一百八或一千八。十為念誦遍數，常須限定；若不滿一百八，即不充求悉地遍數。念誦畢已，蟠珠於掌中，頂戴發願作是願言：「以我念誦功德，一切眾生所修真言行，求上中下悉地速得成就。」

安珠於篋中，即結定印，端身閉目，澄心定意，當於胸臆身內炳現圓明如滿月皎潔光明，起大精進，決定取證。若能不懈怠專功，必當得見本源清淨之心。於圓明中想唵字，餘八字右旋，於圓明上布列，於定中須見真言字分明，既不散動得定，即與般若波羅蜜相應，即畫圓明月輪。

次應思惟字母種子義：唵字者是三身義，亦是一切法本不生義。者字者，一切法不生不滅義。禮字者，一切法相無所得義。主字者，一切法無生滅義。禮字者，一切法無垢義。准字者，一切法無等覺義。泥

字者，一切法無取捨義。娑嚩合二字者，一切法平等無言說義。賀字者，一切法無因義。

由一切法本不生故即得不生不滅，由不生不滅故即得相無所得，由相無所得故即得無生滅，由無生滅故即得無垢，由無垢故即得無等覺，由無等覺故即得無取捨，由無取捨故即得平等無言說，由平等無言說故即得無因、無果般若相應，無所得以為方便入勝義實，則證法界真如，以此為三摩地。

念誦畢已，應結根本印，次結澡浴印，次結五供養印，次誦讚歎獻閼伽，次結阿三麼擬儞合二印，左轉一匝解界，次結寶車輅印，以大母指向外撥中指頭，奉送聖者還本宮。奉送真言曰：

唵者禮主禮准泥孽車孽車娑誐嚩底娑嚩合二婆嚩南布娜囉引誐麼那野娑嚩引二合賀

次結三部三麼耶印，各誦真言一遍，禮佛如前，懺悔、隨喜、勸請、發願，迴向無上菩提，隨意經行，轉讀大乘經典花嚴、大般若等經，印塔像、浴舍利，右旋遶思六念，以此福聚迴向自所求悉地。

次說息災、增益、敬愛、調伏四種法。

扇底迦法者：求滅罪、轉障，除災害、鬼魅、疾病，囚閉枷鎖、疫病國難、水旱不調、蟲損苗稼、五星淩逼本命，悉皆除滅煩惱解脫，是名息災法。作此法時，著白衣面向北，交腳豎膝吉祥坐，觀本尊白色，供養飲食、菓子、香、花、燈燭、地等悉皆白色，從月一日至八日，日三時念誦，夜作護摩。息災真言曰：

唵者禮主禮准泥（令某甲若為他人念誦稱彼名字）扇底矩嚕娑嚩（二合引）賀

布瑟置（二合）迦法者：求延命、官榮、伏藏、富饒、聰慧、聞持不忘、藥法成就、金剛杵等成就，或作師子象馬類，以真言加持三相現，隨上中下所求，獲果如⊙蘇悉地廣說。欲求持明仙，入阿蘇囉窟，及諸八部鬼神窟求入者皆得；及證地位神通，求二種資糧圓滿，速成無上菩提，⊙是名增益法。作此法時，身著黃衣，面向東結跏趺坐，觀本尊黃色，所供養香、花、飲食、菓子、燈燭、地等並皆黃色，從月八日至十五日，日三時念誦，夜作護摩。真言曰：

唵者禮主禮准泥（令某甲）布瑟徵（二合）矩嚕娑嚩（二合）賀

伐施迦囉拏法者：若欲令一切人見者發歡喜心，攝伏鉤召若男、若女、天龍八部、藥叉女及攝伏鬼神，有諸怨敵作不饒益事，皆令迴心歡喜，諸佛護念加持，是名攝召敬愛法。作此法者，身著赤衣，面向西竪二膝並腳名普賢坐，觀本尊及所供養香、花、飲食、菓子、燈燭、地等並皆赤色，從十六日至二十三日，日三時念誦，夜作護摩。攝召真言曰：

唵者禮主禮准泥某甲嚩二合試矩嚕娑嚩二合賀引

阿毘遮嚕迦法者：犯五無間，謗方等大乘，毀滅佛性，背逆君主，惑亂正法，於如是之人深起悲愍，應作降伏法，以驢糞或駝糞或燒尸灰，以用塗壇。作此法時，身著黑衣或青衣，面向南，左腳押右腳蹲踞坐，觀本尊黑色，取臭無香氣，黑色或青色花供養，所供⊙養飲食、香、花、菓子、燈燭、地等並皆黑色或青色，從月二十三日至月盡日，取午時、中夜二時念誦，夜作護摩。真言曰：

吽者禮主禮准泥某甲跛囉二合喃伽多野吽發吒

次說准泥佛母畫像法。

取不截白疊去毛髮者，揁於淨壁，先應塗壇，以閼伽飲食隨力供養。畫師應受八戒齋，清淨畫像，其彩色中勿用皮膠，於新器中調色。應畫准提佛母像身黃白色，結跏趺坐坐蓮花上，身佩圓光著輕縠，如十波羅蜜菩薩衣，上下皆作白色，復有天衣、角絡、瓔珞、頭冠、臂環皆著螺釧，檀慧著寶環。

其像面有三目、十八臂。上二手作說法相，右第二手作施無畏，第三手執劍，第四手持寶鬘，第五手掌俱緣菓，第六手持鉞斧，第七手執鉤，第八手執金剛杵，第九手執念珠。左第二手執如意寶幢，第三手持開敷紅蓮花，第四手軍持，第五手羂索，第六手持輪，第七手商佉，第八手賢瓶，第九手掌般若梵夾。

蓮花下畫水池，池中難陀龍王、塢波難陀龍王拓蓮花座。左邊畫持誦者手執香爐瞻仰聖者，准提佛母矜愍持誦人，眼下顧視。上畫二淨居天子，一名俱素陀天子，手持花鬘向下，承空而來供養聖者。

畫像已，隨力僧次請七僧供養，開光明呪願讚歎，於像下應書法身緣起偈。將像於精室祕密供養，以帛覆像。念誦時，去覆帛，瞻禮供養；念誦畢，卻以帛覆，慎勿令人見。何以故？從師受儀軌畫像法，若轉與人呈像，被魔得便，當須祕密。

七俱胝佛母所說陀羅尼經

㊟此小字夾註，在大正藏作本文，今依磧砂藏改之。

千手千眼觀世音菩薩廣大圓滿無礙大悲心陀羅尼經

御製大悲總持經咒序

朕聞觀自在菩薩，誓願入微塵國土，拯拔一切有情離諸苦趣，故說是無量功德總持經咒。世間善男子、善女人，一切眾生秉心至誠持誦、佩服此經咒者，種種惡趣、種種苦害咸相遠離，咸得圓融，超登妙道。若此海波霑濡，下風吹觸，業釋障消；獲是勝果，非但耳之所聞，實目之所覩，明効大驗者也。若智慧福德之士，根器深厚，堅持佩誦勤行不輟，又能廣為演說是經咒，功德不可思議。若薄福不信者亦心生信解，亦得同超佛境，真實不虛。

夫觀世音誓願弘深，發大悲心以濟度群生！朕君臨天下，閔眾情之昏瞀，墮五濁而不知，以此經咒，用是方便覺悟提撕，俾一切庶類皆超佛域。又況如來化導，首重忠孝；凡忠孝臣子，能盡心以事君，竭力以事親，所作所為無私智陂行，廣積陰功，濟人利物，又能持誦是經咒，則跬步之間即見如來。若彼不忠不孝，不知敬畏，則鬼神所錄，陰加譴罰，轉眄之間即成地獄。蓋善、惡兩途由人所趨，凡我眾庶宜慎取舍，書此以為勸。

永樂九年六月　　日

千手千眼觀世音菩薩廣大圓滿無礙大悲心陀羅尼經

唐西天竺沙門伽梵達摩譯

如是我聞：一時，釋迦牟尼佛在補陀落迦山觀世音宮殿寶莊嚴道場中，坐寶師子座，其座純以無量雜摩尼寶而用莊嚴，百寶幢幡周匝懸列。

爾時，如來於彼座上，將欲演說總持陀羅尼故，與無央數菩薩摩訶薩俱，其名曰：總持王菩薩、寶王菩薩、藥王菩薩、藥上菩薩、觀世音菩薩、大勢至菩薩、華嚴菩薩、大莊嚴菩薩、寶藏菩薩、德藏菩薩、金剛藏菩薩、虛空藏菩薩、彌勒菩薩、普賢菩薩、文殊師利菩薩，如是等菩薩摩訶薩皆是灌頂大法王子。又與無量無數大聲聞僧，皆行阿羅漢十地，摩訶迦葉而為上首。又與無量梵摩羅天，善吒梵摩而為上首。又與無量欲界諸天子俱，瞿婆伽天子而為上首。又與無量護世四王俱，提頭賴吒而為上首。又與無量天、龍、夜叉、乾闥婆、阿修羅、迦樓羅、緊那羅、摩睺羅伽、人非人等俱，天德大龍王而為上首。又與無量欲界諸天女俱，童目天女而為上首。又與無量虛空神、江海神、泉源神、河沼神、藥草神、樹林神、舍宅神、水神、火神、地神、風神、土神、山神、石神、宮殿等神，皆來集會。

時，觀世音菩薩於大會中，密放神通，光明照曜十方剎土及此三千大千世界，皆作金色；天宮、龍宮、諸尊神宮，皆悉震動；江河、大海、鐵圍山、須彌山、土山、黑山，亦皆大動；日月、珠火、星宿之光，皆悉不現。於是總持王菩薩見此希有之相，怪未曾有，即從座起，叉手合掌，以偈問佛：「如此神通之相，是誰所放？」以偈問曰：

誰於今日成正覺，普放如是大光明，十方剎土皆金色，三千世界亦復然？

誰於今日得自在，演放希有大神力，無邊佛國皆震動，龍神宮殿悉不安？今此大衆咸有疑，不測因緣是誰力？為佛菩薩大聲聞？為梵魔天諸釋等？

唯願世尊大慈悲，說此神通所由以。

佛告總持王菩薩言：「善男子！汝等當知，今此會中有一菩薩摩訶薩，名曰觀世音自在，從無量劫來，成就大慈大悲，善能修習無量陀羅尼門，為欲安樂諸衆生故，密放如是大神通力。」

佛說是語已，爾時，觀世音菩薩從座而起，整理衣服，向佛合掌，白佛言：「世尊！我有大悲心陀羅尼呪，今當欲說，為諸衆生得安樂故，除一切病故，得壽命故，得富饒故，滅除一切惡業重罪故，離障難故，增長一切白法諸功德故，成就一切諸善根故，遠離一切諸怖畏故，速能滿足一切諸希求故。惟願世尊，慈哀聽許。」

佛言：「善男子！汝大慈悲，安樂衆生，欲說神呪，今正是時，宜應速說！如來隨喜，諸佛亦然。」

觀世音菩薩重白佛言：「世尊！我念過去無量億劫，有佛出世，名曰千光王靜住如來。彼佛世尊憐念我故，及為一切諸眾生故，說此廣大圓滿無礙大悲心陀羅尼，以金色手摩我頂上，作如是言：『善男子！汝當持此心呪，普為未來惡世一切眾生，作大利樂。』我於是時，始住初地，一聞此呪故，超第八地。我時心歡喜故，即發誓言：『若我當來堪能利益安樂一切眾生者，令我即時身生千手千眼具足。』發是願已，應時身上千手千眼悉皆具足，十方大地六種震動，十方千佛悉放光明，照觸我身及照十方無邊世界。從是已後，復於無量佛所、無量會中，重更得聞，親承受持是陀羅尼，復生歡喜，踊躍無量，便得超越無數億劫微細生死。從是已來，常所誦持，未曾廢忘。由持此呪故，所生之處，恒在佛前蓮華化生，不受胎藏之身。若有比丘、比丘尼、優婆塞、優婆夷、童男、童女欲誦持者，於諸眾生起慈悲心，先當從我發如是願：

南無大悲觀世音，願我速知一切法！南無大悲觀世音，願我早得智慧眼！

南無大悲觀世音，願我速度一切眾！南無大悲觀世音，願我早得善方便！

南無大悲觀世音，願我速乘般若船！南無大悲觀世音，願我早得越苦海！
南無大悲觀世音，願我速得戒定道！南無大悲觀世音，願我早登涅槃山！
南無大悲觀世音，願我速會無為舍！南無大悲觀世音，願我早同法性身！

我若向刀山，　刀山自摧折。　我若向火湯，　火湯自消滅。
我若向地獄，　地獄自枯竭。　我若向餓鬼，　餓鬼自飽滿。
我若向修羅，　惡心自調伏。　我若向畜生，　自得大智慧。

「發是願已，至心稱念我之名字，亦應專念我本師阿彌陀如來，然後即當誦此陀羅尼神呪。一宿誦滿五遍，除滅身中百千萬億劫生死重罪。」

觀世音菩薩復白佛言：「世尊！若諸人天誦持大悲章句者，臨命終時，十方諸佛皆來授手，欲生何等佛*土，隨願皆得往生。」

復白佛言：「世尊！若諸眾生誦持大悲神呪，墮三惡道者，我誓不成正覺。誦持大悲神呪者，若不生諸佛國者，我誓不成正覺。誦持大悲神呪者，若不得無量三昧辯才者，我誓不成正覺。誦持大悲神呪者，於現在生中一切所求，若不果遂者，不得為大悲心陀羅尼也；唯除不善，除不至誠。若諸女人厭賤女身，欲成男子身，誦持大悲陀羅尼章句，若不轉女身成男子身者，我誓不成正覺；生少疑心者，必不果遂也。

「若諸衆生侵損常住飲食、財物，千佛出世不通懺悔，縱懺亦不除滅，今誦大悲神呪，即得除滅。若侵損、食用常住飲食、財物，要對十方師懺謝，然始除滅，今誦大悲陀羅尼時，十方師即來為作證明，一切罪障悉皆消滅。一切十惡五逆、謗人謗法、破齋破戒、破塔壞寺、偷僧祇物、污淨梵行，如是等一切惡業重罪悉皆滅盡。唯除一事：於呪生疑者，乃至小罪輕業亦不得滅，何況重罪！雖不即滅重罪，猶能遠作菩提之因。」

復白佛言：「世尊！若諸人天誦持大悲心呪者，得十五種善生，不受十五種惡死也。其惡死者：一者、不令其飢餓困苦死，二者、不為枷禁杖楚死，三者、不為怨家讎對死，四者、不為軍陣相殺死，五者、不為豺狼惡獸殘害死，六者、不為毒蛇蚖蠍所中死，七者、不為水火焚漂死，八者、不為毒藥所中死，九者、不為蠱毒害死，十者、不為狂亂失念死，十一者、不為山樹崖岸墜落死，十二者、不為惡人厭魅死，十三者、不為邪神惡鬼得便死，十四者、不為惡病纏身死，十五者、不為非分自害死。誦持大悲神呪者，不被如是十五種惡死也。

「得十五種善生者：一者、所生之處常逢善王，二者、常生善國，三者、常值好時，四者、常逢善友，五者、身根常得具足，六者、道心純熟，七者、不犯禁戒，八者、所有眷屬恩義和順，九者、資具財食常得豐足，十者、恒得他人恭敬扶接，十一者、所有財寶無他劫奪，十二者、意欲所求皆悉稱遂，十三者、龍天善神恒常擁衛，十四者、所生之處見佛聞法，十五者、所聞正法悟甚深義。若有誦持大悲心陀羅尼者，得如是等十五種善生也。一切天人應常誦持，勿生懈怠。」

觀世音菩薩說是語已，於眾會前合掌正住，於諸眾生起大悲心，開顏含笑，即說如是廣大圓滿無礙大悲心大陀羅尼神妙章句，陀羅尼曰：

南無喝囉怛那哆囉夜㖿一　南無阿唎㖿二　婆盧羯帝爍鉢囉㖿三　菩提薩跢婆㖿四　摩訶薩跢婆㖿五　摩訶迦盧尼迦㖿六　唵上聲七　薩皤囉罰曳八　數怛那怛寫九

南無悉吉利埵伊蒙阿唎哪十　婆盧吉帝室佛囉愣馱婆十一　南無那囉謹墀十二　醯唎摩訶皤哆沙咩羊鳴音十三　薩婆阿他豆輸朋十四　阿逝孕十五　薩婆薩哆那摩婆伽十六　摩罰特豆十七　怛姪他十八　唵阿婆盧醯十九　盧迦帝二十　迦羅帝二十一　夷醯唎二十二　摩訶菩提薩埵二十三　薩婆薩婆二十四　摩羅摩羅二十五　摩醯摩醯唎馱孕二十六　俱盧俱盧羯懞二十七　度盧度盧罰闍耶帝二十八　摩訶罰闍耶帝二十九　陀羅陀羅三十　地利尼三十一　室佛囉耶三十二　遮羅遮羅三十三　摩摩罰摩囉三十四　穆帝囇三十五　伊醯移醯三十六　室那室那三十七　阿囉嘇佛囉舍利三十八　罰沙罰嘇三十九　佛羅舍耶四十　呼嚧呼嚧摩囉四十一　呼嚧呼嚧醯利四十二　娑囉娑囉四十三　悉利悉利四十四　蘇嚧蘇嚧四十五　菩提夜菩提夜四十六　菩馱夜菩馱夜四十七　彌帝利夜四十八　那囉謹墀四十九　地唎瑟尼那五十　波夜摩那五十一　娑婆訶五十二　悉陀夜五十三　娑婆訶五十四　摩訶悉陀夜五十五　娑婆訶五十六　悉陀喻藝五十七　室皤囉耶五十八　娑婆訶五十九　那囉謹墀六十　娑婆訶六十一　摩囉那囉六十二　娑婆訶六十三　悉囉僧阿穆佉耶六十四　娑婆訶六十五　娑婆摩訶阿悉陀夜六十六　娑婆訶六十七　者吉囉阿悉陀夜六十八　娑婆訶六十九　波陀摩羯悉哆夜七十　娑婆訶七十一　那囉謹墀皤伽囉哪七十二　娑婆訶七十三　摩婆利勝羯囉夜七十四　娑婆訶七十五　南無喝囉怛那哆囉

夜耶七十六　南無阿唎㖿七十七　婆嚧吉帝七十八　爍皤囉夜七十九⊙　娑婆訶八十　唵悉殿都曼哆囉鉢默耶八十一　娑婆訶八十二

觀世音菩薩說此呪已，大地六變震動，天雨寶華繽紛而下，十方諸佛悉皆歡喜，天魔外道恐怖毛豎，一切眾會皆獲果證。或得須陀洹果，或得斯陀含果，或得阿那含果，或得阿羅漢果者；或得一地、二地、三地、四地、五地，乃至十地者。無量眾生發菩提心。

爾時，大梵天王從座而起，整理衣服，合掌恭敬，白觀世音菩薩言：「善哉！大士！我從昔來經無量佛會，聞種種法、種種陀羅尼，未曾聞說如此無礙大悲心大悲陀羅尼神妙章句。唯願大士為我說此陀羅尼形貌狀相，我等大眾願樂欲聞。」

觀世音菩薩告梵王言：「汝為方便利益一切眾生故，作如是問。汝今善聽，吾為汝等略說少耳。」

觀世音菩薩言：「大慈悲心是，平等心是，無為心是，無染著心是，空觀心是，恭敬心是，卑下心是，無雜亂心，無見取心是，無上菩提心是。當知如是等心，即是陀羅尼相貌，汝當依此而修行之。」

大梵王言：「我等大眾，今始識此陀羅尼相貌，從今受持不敢忘失。」

觀世音言：「若善男子、善女人誦持此神呪者，發廣大菩提心，誓度一切眾生，身持齋戒，於諸眾生起平等心，常誦此呪莫令斷絕。住於淨室，澡浴清淨，著淨衣服，懸幡、然燈、香華、百味飲食，以用供養，制心一處，更莫異緣，如法誦持。是時，當有日光菩薩、月光菩薩與無量神仙，來為作證，益其効驗；我時當以千眼照見，千手護持。從是以往，所是世間經書悉能受持，一切外道法術、韋陀典籍亦能通達。誦持此神呪者，世間八萬四千種病悉皆治之，無不差者；亦能使令一切鬼神，降諸天魔，制諸外道。若在山野誦經坐禪，有諸山精、雜魅、魍魎、鬼神橫相惱亂，心不安定者，誦此呪一遍，是諸鬼神悉皆被縛也。若能如法誦持，於諸眾生起慈悲心者，我時當勅一切善神、龍王、金剛密跡常隨衛護，不離其側，如護眼睛，如護己命。」說偈勅曰：

我遣密跡金剛士，烏芻君荼鴦俱尸，八部力士賞迦羅，常當擁護受持者。

我遣摩醯那羅延，金*毘羅陀迦毘羅，常當擁護受持者。
我遣婆馺娑樓羅，滿善車鉢真陀羅，常當擁護受持者。
我遣薩遮摩和羅，鳩闌單吒半祇羅，常當擁護受持者。
我遣畢婆伽羅王，應德毘多薩和羅，常當擁護受持者。
我遣梵摩三鉢羅，五部淨居炎摩羅，常當擁護受持者。
我遣釋王三十三，大辯功德婆怛那，常當擁護受持者。
我遣提頭賴吒王，神母女等大力衆，常當擁護受持者。
我遣毘樓勒叉王，毘樓博叉毘沙門，常當擁護受持者。
我遣金色孔雀王，二十八部大仙衆，常當擁護受持者。
我遣摩尼跋陀羅，散支大將弗羅婆，常當擁護受持者。
我遣難陀跋難陀，婆伽羅龍伊鉢羅，常當擁護受持者。
我遣脩羅乾闥婆，迦樓緊那摩睺羅，常當擁護受持者。
我遣水火雷電神，鳩槃茶王毘舍闍，常當擁護受持者。

「是諸善神及神龍王、神母女等，各有五百眷屬，大力夜叉常隨擁護誦持大悲神咒者。其人若在空山曠野獨宿孤眠，是諸善神番代宿衛，辟除災障。若在深山迷失道路，誦此呪故，善神、龍王化作善人，示其正道。若在山林曠野乏少水火，龍王護故化出水火。」

觀世音菩薩復為誦持者，說消除災禍清涼之偈：

若行曠野山澤中，逢值虎狼諸惡獸，蛇蚖精魅魍魎鬼，聞誦此呪莫能害。
若行江湖滄海間，毒龍蛟龍摩竭獸，夜叉羅剎魚黿鼈，聞誦此呪自藏隱。
若逢軍陣賊圍繞，或被惡人奪財寶，至誠稱誦大悲呪，彼起慈心復道歸。
若為王官收錄身，囹圄禁閉杻枷鎖，至誠稱誦大悲呪，官自開恩釋放還。
若入野道蠱毒家，飲食有藥欲相害，至誠稱誦大悲呪，毒藥變成甘露漿。
女人臨難生產時，邪魔遮障苦難忍，至誠稱誦大悲呪，鬼神退散安樂生。
惡龍疫鬼行毒氣，熱病侵陵命欲終，至心稱誦大悲呪，疫病消除壽命長。
龍鬼流行諸毒腫，癰瘡膿血痛叵堪，至心稱誦大悲呪，三唾毒腫隨口消。

衆生濁惡起不善，厭魅呪詛結怨讎，至心稱誦大悲呪，厭魅還著於本人。
惡*王濁亂法滅時，婬欲火盛心迷倒，棄背妻婿外貪染，晝夜邪思無暫停，
若能稱誦大悲呪，婬欲火滅邪心除。我若廣讚呪功力，一劫稱揚無盡期。

爾時，觀世音菩薩告梵天言：「誦此呪五遍，取五色線作索，呪二十一遍，結作二十一結繫項。此陀羅尼是過去九十九億恒河沙諸佛所說，彼等諸佛為諸行人修行六度未滿足者，速令滿足故；未發菩提心者，速令發心故；若聲聞人未證果者，速令證故；若三千大千世界內，諸神仙人未發無上菩提心者，令速發心故；若諸衆生未得大乘信根者，以此陀羅尼威神力故，令其大乘種子法芽增長，以我方便慈悲力故，令其所須皆得成辦。

「*又三千大千世界幽隱闇處三塗衆生，聞我此呪，皆得離苦。有諸菩薩未階初住者，速令得故，乃至令得十住地故，又令得到佛地故，自然成就三十二相、八十隨形好。若聲聞人聞此陀羅尼，一經耳者、修行書寫此陀羅尼者、以質直心如法而住者，四沙門果不求自得。若三千大千世界內，山河、石壁、四大海水

能令涌沸，須彌山及鐵圍山能令搖動，又令碎如微塵，其中衆生悉令發無上菩提心。若諸衆生現世求願者，於三七日淨持齋戒誦此陀羅尼，必果所願，從生死際至生死際，一切惡業並皆滅盡。三千大千世界內，一切諸佛菩薩、梵、釋、四天王、神仙、龍王，悉皆證知。

「若諸人天誦持此陀羅尼者，其人若在江河、大海中沐浴，其中衆生，得此人浴身之水霑著其身，一切惡業重罪悉皆消滅，即得轉生他方淨土，蓮華化生，不受胎身、濕、卵之身，何況受持讀誦者！若誦持者行於道路，大風時來吹此人身毛髮、衣服，餘風下過諸類衆生，得其人飄身風吹著身者，一切重障惡業並皆滅盡，更不受三惡道報，常生佛前，當知受持者福德果報不可思議！誦持此陀羅尼者，口中所出言音若善若惡，一切天魔、外道、天龍、鬼神聞者，皆是清淨法音，皆於其人起恭敬心，尊重如佛。

「誦持此陀羅尼者，當知其人即是佛身藏，九十九億恒河沙諸佛所愛惜故。當知其人即是光明身，一切如來光明照故。當知其人是慈悲藏，恒以陀羅尼救衆生故。當知其人是妙法藏，普攝一切諸陀羅尼門故。當知其人是禪定藏，百千三昧常現前故。當知其人是虛空藏，常以空慧觀眾生故。當知其人是無畏藏，龍天、善神常護持故。當知其人是妙語藏，口中陀羅尼音無斷絕故。當知其人是常住藏，三災惡劫不能壞故。當知其人是解脫藏，天魔、外道不能稽留故。當知其人是藥王藏，常以陀羅尼療眾生病故。當知其人是神通藏，遊諸佛國得自在故。其人功德讚不可盡。

「善男子！若復有人厭世間苦，求長生樂者，在閑淨處清淨結界，呪衣著，若水、若食、若香、若藥皆呪一百八遍，服必得長命。若能如法結界，依法受持，一切成就。其結界法者，取刀呪二十一遍，劃地為界；或取淨水呪二十一遍，散著四方為界；或取白芥子呪二十一遍，擲著四方為界；或以想到處為界，或取淨灰呪二十一遍為界，或呪五色線二十一遍圍繞四邊為界皆得。若能如法受持，自然剋果。若聞此陀羅尼名字者，尚滅無量劫生死重罪，何況誦持者！

「若得此神呪誦者，當知其人已曾供養無量諸佛，廣種善根。若能為諸眾生拔其苦難，如法誦持者，當知其人即是具大悲者，成佛不久，所見眾生皆悉為誦，令彼耳聞與作菩提因，是人功德無量無邊，讚不可盡。若能精誠用心，身持齋戒，為一切眾生懺悔先業之罪，亦自懺謝無量劫來種種惡業，口中駁駁誦此陀羅尼聲聲不絕者，四沙門果此生即證。其利根有慧觀方便者，十地果位剋獲不難，何況世間小小福報！所有求願無不果遂者也。若欲使鬼者，取野髑髏淨洗，於千眼像前設壇場，以種種香華飲食祭之，日日如是，七日必來現身，隨人使令。若欲使四天王者，呪檀香燒之。由此菩薩大悲願力深重故，亦為此陀羅尼威神廣大故。」

佛告阿難：「若有國土災難起時，是土國王若以正法治國，寬縱人物，不枉眾生，赦諸有過，七日七夜身心精進，誦持如是大悲心陀羅尼神呪，令彼國土一切災難悉皆除滅，五穀豐登，萬姓安樂。又若為於他國怨敵數來侵擾，百姓不安、大臣謀叛、疫氣流行、水旱不調、日月失度，如是種種災難起時，當造千眼大悲心像，面向西方，以種種香華、幢幡、寶蓋或百味飲食，至心供養。其王又能七日七夜身心精進，誦持如是陀羅尼神妙章句，外國怨敵即自降伏，各還政治不相擾惱，國土通同慈心相向，王子百官皆行忠赤，妃后婇女孝敬向王，諸龍鬼神擁護其國，雨澤順時，果實豐饒，人民歡樂。又若家內遇大惡病，百怪競起，鬼神邪魔耗亂其家，惡人橫造口舌以相謀害，室家大小內外不和者，當向千眼大悲像前設其壇場，至心念觀世音菩薩，誦此陀羅尼滿其千遍，如上惡事悉皆消滅，永得安隱。」

阿難白佛言：「世尊！此呪名何？云何受持？」

佛告阿難：「如是神呪有種種名，一名廣大圓滿，一名無礙大悲，一名救苦陀羅尼，一名延壽陀羅尼，一名滅惡趣陀羅尼，一名破惡業障陀羅尼，一名滿願陀羅尼，一名隨心自在陀羅尼，一名速超上地陀羅尼，如是受持。」

阿難白佛言：「世尊！此菩薩摩訶薩名字何等，善能宣說如是陀羅尼？」

佛言：「此菩薩名觀世音自在，亦名撚索，亦名千光眼。善男子！此觀世音菩薩不可思議威神之力，已於過去無量劫中，已作佛竟，號正法明如來。大悲願力，為欲發起一切菩薩，安樂成熟諸衆生故，現作菩薩。汝等大衆諸菩薩摩訶薩、梵、釋、龍神皆應恭敬，莫生輕慢，一切人天常須供養，專稱名號，得無量福，滅無量罪，命終往生阿彌陀佛國。」

佛告阿難：「此觀世音菩薩所說神呪真實不虛，若欲請此菩薩來，呪拙具羅香三七遍燒，菩薩即來（拙具羅香安息香也）。若有貓兒所著者，取弭哩吒那（死貓兒頭骨也）燒作灰，和淨土泥，捻作貓兒形，於千眼像前，呪鑌鐵刀子一百八遍，段段割之，亦一百八段，遍遍一呪，一稱彼名，即永差不著。若為蠱毒所害者，取藥劫布羅（龍腦香也）和拙具羅香各等分，以井華水一升，和煎取一升，於千眼像前呪一百八遍，服即差。若為惡蛇蠍所螫者，取乾薑末呪一七遍，著瘡中立即除差。若為惡怨橫相謀*害者，取淨土或麵或蠟，捻作本形，於千眼像前，呪鑌鐵刀一百八遍，一呪一截，一稱彼名，燒盡一百八段，彼即歡喜，終身厚重相愛敬。

「若有患眼睛壞者，若青盲眼暗者，若白暈赤膜無光明者，取訶梨勒果、菴摩勒果、鞞醯勒果三種各一顆，擣破細研。當研時唯須護淨，莫使新產婦人及猪狗見。口中念佛，以白蜜若人乳汁和，封眼中著，其人乳要須男孩子母乳，女母乳不成。其藥和竟，還須千眼像前呪一千八遍，著眼中滿七日，在深室慎風，眼睛還生，青盲、白暈者光奇盛也。若患瘧病著者，取虎、豹、犲、狼皮，呪三七遍，披著身上即差，師子皮最上。若被蛇螫，取被螫人結聹，呪三七遍，著瘡中即差。若患惡瘧入心悶絶欲死者，取桃膠一顆，大小亦如桃顆，清水一升，和煎取半升，呪七遍，頓服盡即差，其藥莫使婦人煎。若患傳屍鬼氣，伏屍連病者，取拙具羅香呪三七遍，燒熏鼻孔中，又取七丸如兔糞，呪三七遍，吞即差，慎酒肉、五辛及惡罵。

「若取摩那屎羅（雄黃是也）和白芥子印成鹽，呪三七遍，於病兒床下燒，其作病兒即魔掣迸走，不敢住也。若患耳聾者，呪胡麻油，著耳中即差。若患一邊偏風、耳鼻不通、手腳不隨者，取胡麻油煎青木香，呪三七遍，摩拭身上，永得除差；又方，取純牛酥，呪三七遍，摩亦差。若患難產者，取胡麻油，呪三七遍，摩產婦臍中及玉門中，即易生。若婦人懷妊子死腹中，取阿波末利伽草（牛膝草也）一大*兩，清水二升，和煎取一升，呪三七遍，服即出，一無苦痛；胎衣不出者，亦服此藥即差。若卒患心痛不可忍者，名遁屍疰，取君柱魯香(薰陸香)乳頭成者一顆，呪三七遍，口中嚼咽，不限多少，令變吐即差，慎五辛、酒肉。若被火燒瘡，取熱瞿摩夷(烏牛屎也)，呪三七遍，塗瘡上即差。若患蛔蟲咬心，取骨魯末遮(白馬屎也)半升，呪三七遍，服即差；重者一升，蟲如綟索出來。

「若患丁瘡者，取凌*銷葉擣取汁，呪三七遍，瀝著瘡上，即拔根出立差。若患蠅螫眼中，骨魯怛佉(新驢屎也)濾取汁，呪三七遍，夜臥著眼中即差。若患腹中痛，和井華水和印成鹽三七顆，呪三七遍，服半升即差。若患赤眼者，及眼中有努肉及有翳者，取奢奢彌葉(苟杞葉也)擣濾取汁，呪三七遍，浸青錢一宿，更呪七遍，著眼中即差。若患畏夜，不安恐怖，出入驚怕者，取白線作索，呪三七遍，作二十一結繫項，恐怖即除；非但除怖，亦得滅罪。若家內橫起災難者，取石榴枝寸截一千八段，兩頭塗酥酪蜜，一呪一燒，盡千八遍，一切災難悉皆除滅，要在佛前作之。若取白菖蒲，呪三七遍，繫著右臂上，一切鬪處、論義處皆得勝他。

「若取奢奢彌葉枝柯寸截，兩頭塗真牛酥、白蜜牛酥，一呪一燒，盡一千八段，日別三時，時別一千八遍，滿七日，呪師自悟通智也。若欲降伏大力鬼神者，取阿唎瑟迦柴（木患子也），呪七七遍，火中燒，還須塗酥酪蜜，要須於大悲心像前作之。若取胡嚧遮那（牛黃是也）一大兩，著瑠璃瓶中，置大悲心像前，呪一百八遍，塗身、點額，一切天、龍、鬼神、人及非人皆悉歡喜也。若有身被枷鎖者，取白鴿糞，呪一百八遍，塗於手上用摩枷鎖，枷鎖自脫也。若有夫婦不和，狀如水火者，取鴛鴦尾，於大悲心像前，呪一千八遍，帶彼即終身歡喜相愛敬。若有被蟲食田苗及五果子者，取淨灰、淨沙或淨水，呪三七遍，散田苗四邊，蟲即退散也；果樹兼呪水灑者，樹上蟲不敢食果也。」

佛告阿難：「若為富饒種種珍寶資具者，當於如意珠手。若為種種不安求安隱者，當於羂索手。若為腹中諸病，當於寶鉢手。若為降伏一切魍魎鬼神者，當於寶劍手。若為降伏一切天魔神者，當於跋折羅手。若為摧伏一切怨敵者，當於金剛杵手。若為一切處怖畏不安者，當於施無畏手。若為眼闇無光明者，當於日精摩尼手。若為熱毒病求清涼者，當於月精摩尼手。若為榮官益職者，當於寶弓手。若為諸善朋友早相逢者，當於寶箭手。若為身上種種病者，當於楊枝手。若為除身上惡障難者，當於白拂手。若為一切善和眷屬者，當於胡瓶手。若為辟除一切虎狼豺豹諸惡獸者，當於旁牌手。若為一切時處好離官難者，當於斧鉞手。若為男女僕使者，當於玉環手。若為種種功德者，當於白蓮華手。若為欲得往生十方淨土者，當於青蓮華手。若為大智慧者，當於寶鏡手。若為面見十方一切諸佛者，當於紫蓮華手。若為地中伏藏者，當於寶篋手。若為仙道者，當於五色雲手。若為生梵天者，當於軍遲手。若為往生諸天宮者，當於紅蓮華手。若為辟除他方逆賊者，當於寶戟手。若為召呼一切諸天善神者，當於寶螺手。若為使令一切鬼神者，當於髑髏杖手。若為十方諸佛速來授手者，當於數珠手。若為成就一切上妙梵音聲者，當於寶鐸手。若為口業辭辯巧妙者，當於寶印手。若為善神、龍王常來擁護者，當於俱尸鐵鉤手。若為慈悲覆護一切眾生者，當於錫杖手。若為一切眾生常相恭敬愛念者，當於合掌手。若為生生之*處不離諸佛邊者，當於化佛手。若為生生世世常在佛宮殿中，不處胎藏中受身者，當於化宮殿手。若為多聞廣學者，當於寶經手。若為從今身至佛身，菩提心常不退轉者，當於不退金輪手。若為十方諸佛速來摩頂授記者，當於頂上化佛手。若為果蓏諸穀稼者，當於*蒲桃☆手。如是可求之法有其千條，今粗略說少耳。」

日光菩薩為受持大悲心陀羅尼者，說大神呪而擁護之：

南無勃陀瞿上聲那上聲迷一　南無達摩莫訶低二　南無僧伽多夜泥三　底丁以切哩部畢薩僧沒切咄登沒切檐納摩

「誦此呪滅一切罪，亦能辟魔及除天災。若誦一遍禮佛一拜，如是日別三時誦呪禮佛，未來之世所受身處，當得一一相貌端正可喜果報。」

月光菩薩亦復為諸行人，說陀羅尼呪而擁護之：

深低帝屠蘇吒一　阿若蜜帝烏都吒二　深耆吒三　波賴帝四　耶彌若吒烏都吒五　拘羅帝吒耆摩吒六　沙婆訶

「誦此呪五遍，取五色線作呪索，痛處繫。此呪乃是過去四十恒河沙諸佛所說，我今亦說，為諸行人作擁護故，除一切障難故，除一切惡病痛故，成就一切諸善法故，遠離一切諸怖畏故。」

佛告阿難：「汝當深心清淨受持此陀羅尼，廣宣流布於閻浮提，莫令斷絕。此陀羅尼能大利益三界眾生，一切患苦*縈身者，以此陀羅尼治之無有不差者。此大神呪呪乾枯樹，尚得生枝柯華果，何況有情有識眾生，身有病患治之不差者，必無是處！善男子！此陀羅尼威神之力，不可思議不可思議，歎莫能盡，若不過去久遠已來廣種善根，乃至名字不可得聞，何況得見！汝等大眾、天人、龍神聞我讚歎，皆應隨喜。若有謗此呪者，即為謗彼九十九億恒河沙諸佛。若於此陀羅尼生疑不信者，當知其人永失大利，百千萬劫常淪惡趣，無有出期，常不見佛，不聞法，不覩僧。」

一切眾會菩薩摩訶薩、金剛密跡、梵、釋、四天、龍、鬼神聞佛如來讚歎此陀羅尼，皆悉歡喜，奉教修行。

千手千眼觀世音菩薩廣大圓滿無礙大悲心陀羅尼經

請觀世音菩薩消伏毒害陀羅尼呪經

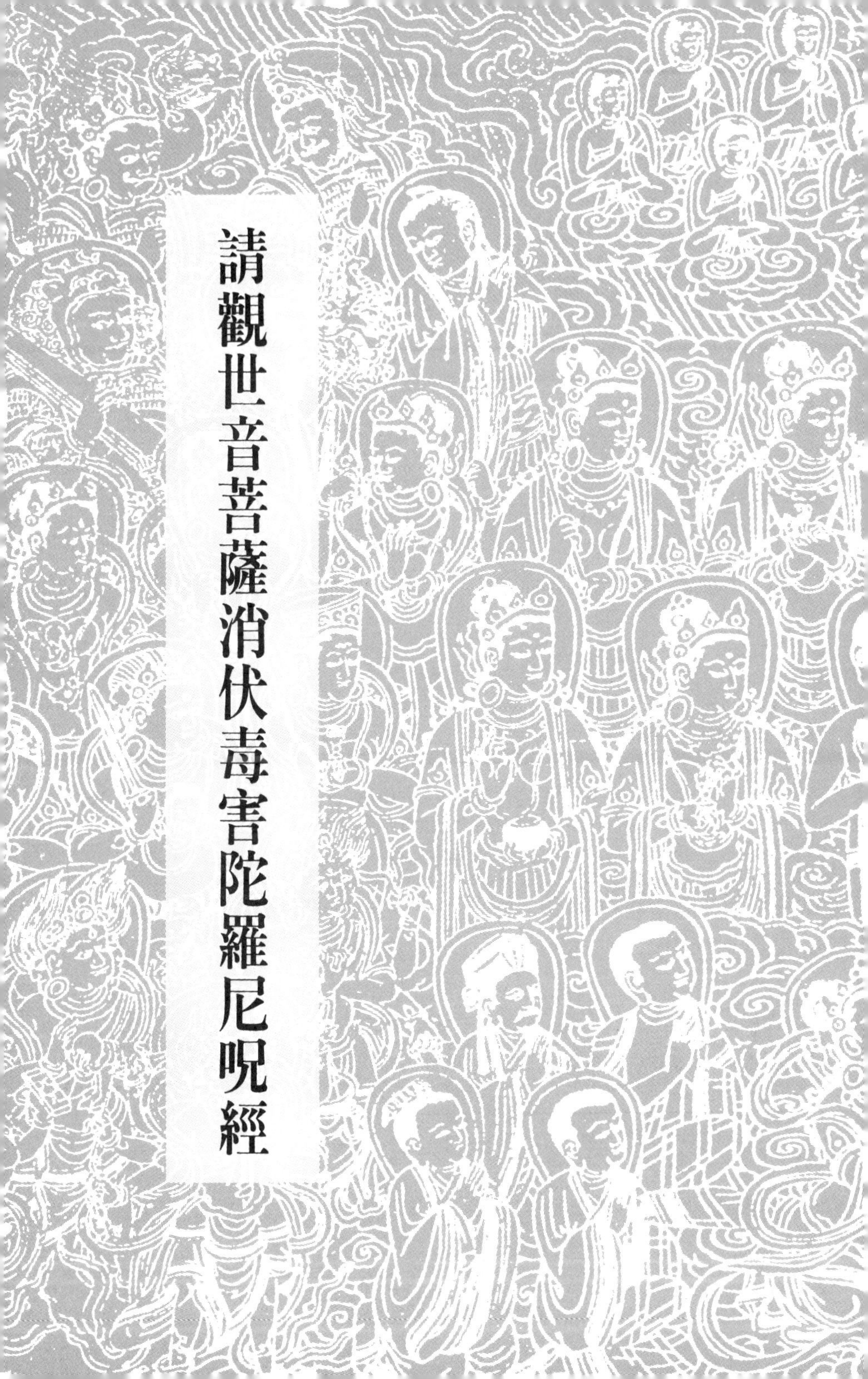

請觀世音菩薩消伏毒害陀羅尼呪經

東晉天竺居士竺難提晉言法喜譯

如是我聞：一時，佛住毘舍離菴羅樹園大林精舍重閣講堂，與千二百五十比丘，皆阿羅漢，諸漏已盡，不受後有，如鍊真金，身心澄靜，六通無礙，其名曰：大智舍利弗、摩訶目揵連、摩訶迦葉、摩訶迦旃延、須菩提、阿㝹樓馱、劫賓那、憍梵波提、畢陵伽婆蹉、薄拘羅、難陀、阿難陀、羅睺羅，如是等眾所知識，常為天龍八部所敬。復有菩薩摩訶薩二萬人俱，大智本行皆悉成就，調伏諸根，滿足六度，具佛威儀，心大如海，其名曰：文殊師利童子、寶月童子、月光童子、寶積童子、*日藏童子、跋陀婆羅菩薩與其同類十六人俱、彌勒菩薩，如是等菩薩摩訶薩二萬人。

爾時，世尊與四衆、天龍八部、人非人等，恭敬圍遶。時，毘舍離國一切人民遇大惡病，一者、眼赤如血，二者、兩耳出膿，三者、鼻中流血，四者、舌噤無聲，五者、所食之物化為麁澁，六識閉塞猶如醉人。有五夜叉名訖拏迦羅，面黑如墨，而有五眼，狗牙上出，吸人精氣。

時，毘舍離大城之中，有一長者名曰月蓋，與其同類五百長者俱詣佛所，到佛所已，頭面作禮，却住一面，白言：「世尊！此國人民遇大惡病，良醫耆婆盡其道術所不能救。唯願*世尊慈愍一切，救濟病苦，令得無患。」

爾時，世尊告長者言：「去此不遠正主西方，有佛世尊名無量壽，彼有菩薩名觀世音及大勢至，恒以大悲憐愍一切，救濟苦厄。汝今應當五體投地，向彼作禮，燒香散華，繫念數息令心不散，經十念頃，為衆生故，當請彼佛及二菩薩。」說是語時，於佛光中得見西方無量壽佛并二菩薩。如來神力，佛及菩薩俱到此國，往毘舍離，住城門閫，佛、二菩薩與諸大衆放大光明，照毘舍離皆作金色。

爾時，毘舍離人即具楊枝淨水，授與觀世音菩薩。大悲觀世音憐愍救護一切衆生故而說呪曰，普教一切衆生而作是言：「汝等今者應當一心稱：『南無佛。南無法。南無僧。南無觀世音菩薩摩訶薩大悲大名稱救護苦厄者。』如此三稱三寶，三稱觀世音菩薩名，燒衆名香，五體投地，向於西方，一心一意令氣息定，為免苦厄請觀世音，合十指掌而說偈言：

願救我苦厄，　大悲覆一切，　普放淨光明，　滅除癡暗冥。
為免殺害苦，　煩惱及衆病，　必來至我所，　施我大安樂。
我今稽首禮，　聞名救厄者，　我今自歸依，　世間慈悲父。
唯願必定來，　免我三毒苦，　施我今世樂，　及與大涅槃。」

白佛言：「世尊！如是神呪必定吉祥。乃是過去、現在、未來十方諸佛大慈大悲陀羅尼印。聞此呪者衆苦永盡，常得安樂，遠離八難，得念佛定，現前見佛。我今當說十方諸佛救護衆生神呪：

多耶吔（強鵝反）嗚呼膩（名好喉鬼）摸呼膩（名為癡鬼）閰婆膩（名怕人鬼）躭婆膩（名叛人鬼）安荼詈（名不白鬼）般荼詈（名為白鬼）首埤帝（名為青鬼）般荼荼囉囉（名鬼母前鬼母）婆私膩多姪吔（如是）伊梨寐梨（名為去鬼）提梨首梨（名叛人鬼）加波梨（名戴髑髏鬼及縛著兩頰）佉鞮端耆（名食兒鬼）旃

陀梨(名就人鬼)摩蹬耆(名師子頭鬼魔王鬼師子頭)勒叉勒叉(守護一切眾生)薩婆薩埵薩婆婆耶埤(云一切可鬼)洣訶(云憂去)多荼呲伽帝伽帝膩伽帝(云已去也)修留毗修留毗(去莫來莫來也)勒叉勒叉(云守護)薩婆婆耶埤洣訶(云憂去)」

白佛言：「世尊！如此神呪，乃是十方三世無量諸佛之所宣說。誦持此呪者，常為諸佛、諸大菩薩之所護持，免離怖畏、刀杖、毒害及與疾病，令得無患。」說是語時，毘舍離人平復如本。

爾時，世尊憐愍眾生，覆護一切，重請觀世音菩薩說消伏毒害陀羅尼呪。爾時，觀世音菩薩大悲熏心，承佛神力，而說破惡業障消伏毒害陀羅尼呪：

南無佛陀。南無達摩。南無僧伽。南無觀世音菩提薩埵摩訶薩埵。大慈大悲，唯願愍我救護苦惱，亦救一切怖畏眾生令得大護。

多姪咃　陀呼膩(名大鬼)摸呼膩(名水鬼)閻婆膩躭婆膩阿婆瀌(虛抵反名人嗔鬼)摸呼膩(此鬼口出火名曰光鬼)安荼梨(名曰花鬼)般荼梨(此鬼身白名曰白鬼)輸鞞帝(名極白鬼)般荼囉婆私膩休休樓樓(三頭鬼)安荼梨兜兜樓樓(名三頭兒鬼)般荼梨(名母黑兒白鬼)周周樓樓(入山中去不殺周周樓樓名好偷人小兒山中住鬼)膩槃荼梨(名出白鬼)豆豆富富(豆豆名欲便去鬼富富名不更來鬼)般荼囉婆私膩矧墀(殯資反名億鬼)跈墀(乃軫反名不億鬼)膩跈墀(名最億鬼)薩婆阿婆耶羯多薩婆涅婆婆陀伽(莫著疑人)阿婆耶(莫作鬼)卑離陀(云餓鬼)閉殿娑訶(莫來憂去)

「一切怖畏、一切毒害、一切惡鬼、虎狼、師子，聞此呪時，口即閉塞，不能為害。破梵行人作十惡業，聞此呪時，蕩除糞穢，還得清淨。設有業障，濁惡不善，稱觀世音菩薩，誦持此呪，即破業障，現前見佛。」

佛告阿難：「若有四部弟子受持觀世音菩薩名，誦念消伏毒害陀羅尼，行此呪者身常無患，心亦無病。設使大火從四面來焚燒己身，誦持此呪故，龍王降雨，即得解脫。設火焚身，節節疼痛，一心稱觀世音菩薩名號，三誦此呪，即得除愈。設復穀貴飢饉、王難、惡獸、盜賊、迷於道路、牢獄繫閉、杻械枷鎖、被五繫縛、入於大海黑風迴波、水色之山、夜叉羅剎之難、毒藥、刀劍、臨當刑戮，過去業緣現造眾惡，以是因緣受一切苦，極大怖畏，應當一心稱觀世音菩薩名號，并誦此呪一遍至七遍，消伏毒害惡業、惡行、不善惡聚，如火焚薪，永盡無餘。以是因緣，⊙誦此觀世音菩薩所說神呪，名施一切眾生甘露妙藥，得無病畏、不橫死畏、不被繫縛畏、貪欲、嗔恚、愚癡三毒等畏。是故此娑婆世界，皆號觀世音菩薩為施無畏者。

「此陀羅尼灌頂章句無上梵行，畢定吉祥大功德海，眾生聞者獲大安樂，應當闇誦。若欲誦之，應當持齋，不飲酒，不噉肉，以灰塗身，澡浴清淨，不食興渠五辛，能熏之物悉不食之，婦女穢污，皆悉不往。常念十方佛及七佛世尊，一心稱觀世音菩薩，誦持此呪，現身得見觀音菩薩，一切善願皆得成就，後生佛前，長與苦別。」

佛告阿難：「王舍大城有一女人，惡鬼所持，名旃陀利。彼鬼晝夜作丈夫形來嬈此女，鬼精著身，生五百鬼子。汝憶是事不？我於爾時，教此女人稱觀世音菩薩，善心相續，入善境界。阿難！當知如此菩薩威神之力，惡鬼消伏，得見我身無比色像。我於爾時，一一毛孔現寶蓮華，無數化佛異口同音稱讚大悲施無畏者，令女受持，讀誦通利。此呪功德，三障永盡，免三界獄火，不受眾苦，四百四病一時不起。設有眾生入陣鬪戰，臨當被害，誦念此呪，稱於大悲觀世音菩薩名，如鷹隼飛，即得解脫。若有眾生受大苦惱，閉在囹圄，杻械、枷鎖及諸刑罰，一日乃至十日，一月乃至五月，應當淨心係念一處，稱觀世音菩薩，歸依三寶。三稱我名，誦大吉祥六字章句救苦神呪。」而說呪曰：

多姪哋　安陀罯　般荼罯　枳由罯（名著瓔珞鬼）　檀陀罯（名捉鐵棒鬼）　羶陀罯（名捉釿鬼）　底耶婆陀（名與人光鬼）　耶賒婆陀（名聞鬼）　頗羅膩祇（名長出齒鬼）　難多罯（名大身鬼）　婆伽罯（名大面鬼）　阿盧禰（名閉目鬼）　薄鳩罯（名著鍾鬼此鬼兩耳著大鍾）　摸鳩隷（名披頭鬼）　兜毘隷（名住石窟鬼）　涰呵

爾時，世尊說是神呪已，告阿難言：「若善男子、善女子、四部弟子得聞觀世音菩薩名號，并受持讀誦六字章句，若行曠野迷失道徑，誦此呪故，觀世音菩薩大悲熏心，化為人像，示其道路，令得安隱。若當飢渴，化作泉井、果蓏、飲食，令得飽滿。設復有人遇大禍對，亡失國土、妻子、財產，與怨憎會，稱觀世音菩薩名號，誦念此呪，數息係念無分散意，經七七日，時大悲者化為天像及作大力鬼神王像，接還本土，令得安隱。若復有人入海採寶，空山曠野逢值虎狼、師子、毒虫、蝮蝎、夜叉、羅刹、拘槃茶及諸惡鬼噉精氣者，三稱觀世音菩薩名號，及誦此呪，即得解脫。若有婦人生產難者，臨當命終，三稱觀世音菩薩名號，并誦持此呪，即得解脫。遇大惡賊盜其財物，三稱觀世音菩薩名號，誦持此呪，賊即慈心，復道而去。

「阿難！當知如此菩薩及是神咒畢定吉祥，常能消伏一切毒害，真實不虛，普施三界一切眾生令無怖畏，作大擁護，今世受樂，後世生處見佛聞法，速得解脫。此呪威神巍巍無量，能令眾生免地獄苦、餓鬼苦、畜生苦、阿修羅苦及八難苦，如水滅火，永盡無餘。阿難！當知若有受持觀世音菩薩名并持此呪，獲大善利，消伏毒害，今世、後世不吉祥事，永盡無餘，持戒、精進、念定、總持，皆悉具足。阿難！當知若有聞此六字章句救苦醫王無上神呪，稱觀世音菩薩大悲名字，罪垢消除，即於現身得見八十億諸佛皆來授手，為說大悲施無畏者功德神力并六字章句，以見佛故，即得無忘旋陀羅尼。」

爾時，世尊而說偈言：

大悲大名稱，　吉祥安樂人，　恒說吉祥句，　救濟極苦者。
眾生若聞名，　離苦得解脫，　亦遊戲地獄，　大悲代受苦。
或處畜生中，　化作畜生形，　教以大智慧，　令發無上心。

或處阿修羅，　軟言調伏心，　令除憍慢習，　疾至無為岸。
現身作餓鬼，　手出香色乳，　飢渴逼切者，　施令得飽滿。
大慈大悲心，　遊戲於五道，　恒以善集慧，　普教一切衆。
無上勝方便，　令離生死苦，　常得安樂處，　到大涅槃岸。

爾時，世尊說是語已，告阿難言：「是六字章句畢定吉祥，真實不虛。若有聞者，獲大善利，得無量功德。」

說是語已，王舍大城有一比丘，名優波斯那，精進勇猛，勤行難行苦行，如救頭然。在寒林中與無央數大衆圍繞，自說往昔作諸惡行，殺生無量，聞觀世音菩薩六字章句，正念思惟，觀心心脈，使想一處，見觀世音菩薩，即得解脫，成阿羅漢。

「云何當得見觀世音菩薩及十方佛？若欲得見，端身正心，使心不動，心氣相續，以左手置右手上，舉舌向腭，令息調勻，使氣不麁不細，安祥徐數，從一至十，成就息念，無分散意，使氣不麁，亦不外向，不澁不滑，如嬰兒飲乳，吸氣嗽之，不青不白，調和得中。從於心端四十脈下，取一中脈，令氣從中安隱得至十四脈中，從大脈*出至於舌下，復從舌脈出至於舌端，不青不白，不黃不黑，如琉璃器，正長八寸，至於鼻端還入心根，令心明淨。」

佛告諸比丘：「此大精進勇猛寶*幢六字章句、消伏毒害大悲功德觀世音菩薩，以此數息心定力故，如駛水流，疾疾得見觀世音菩薩及十方佛。」

佛告諸比丘：「汝等善聽！欲服甘露無上法味，若諸比丘已得出家，當自攝身，不壞威儀，端坐正受，無外向意，觀於苦、空、無常敗壞，不久磨滅，修五門禪。當自觀身，從頭至足一一節間，皆令係念停住不散，諦觀眾節如芭蕉樹，內外俱空，當知色、受、想、行、識，亦復如是。」

佛說是語時，尊者舍利弗在寒林中還坐樹下，已解佛意，端坐正受，入于三昧，身真金色，令無數人見者歡喜，發菩提心。

時，優波斯那即從座起，至尊者舍利弗所，頭面著地，接足作禮，白言：「尊者！向者如來讚嘆數息，以是因緣獲大善利。云何數息？唯願尊者為我解說。

眼、眼識與色相應，云何攝住？耳、耳識與聲相應，云何攝住？鼻、鼻識與香相應，云何攝住？舌、舌識與味相應，云何攝住？意、意識與攀緣相應，云何攝住？諸顛倒想與顛倒相應，云何攝住？色、聲、香、味、觸與細滑相應，云何攝住？而此識賊如猨猴走，遊戲六根，遍緣諸法，云何攝住？」

時，舍利弗告優波斯那：「汝今當觀地大，地無堅性；水大，水性不住；風大，風性無礙，從顛倒有；火大，火性不實，假因緣生。色、受、想、行、識，一一性相同於水、火、風等，皆悉入於如實之際。」

時，優波斯那聞是語已，身如水火，得四大定，通達五陰空無所有，殺諸結賊，豁然意解，得阿羅漢，身中出火，即自碎身，入般涅槃。

時，舍利弗收其舍利，於上起塔已，為佛作禮，白佛言：「世尊！佛說禪定第一甘露無上法味，若有服者，身如琉璃，毛孔見佛。觀無明、行乃至老死，一一性相皆悉不實，如空谷響，如芭蕉樹無堅實，如熱時焰，如野馬行，如乾闥婆城，如水上泡，如幻如化，如露如電，一一諦觀十二因緣，成緣覺道。或入寂定琉璃三*昧，見佛無數，發無上心，修童真行，住不退轉。」

佛告舍利弗：「如優波斯那聞我說是大悲章句數息定法，破無數億洞然之惡，成阿羅漢，具戒、定、智、解脫、知見，身出水火，碎身滅度，令無數人發大善心。舍利弗！當知若善男子、善女人得聞觀世音菩薩大悲名號及消伏毒害六字章句、數息係念淨行之法，除無數劫所造惡業，破惡業障，現身得見無量無邊諸佛，聞說妙法，隨意無礙，發三種清淨三菩提心。若有宿世罪業因緣及現所造極重惡行，夢中得見觀世音菩薩，如大猛風吹於重雲，皆悉四散，得離重罪惡業，生諸佛前。」

佛說是語已，告舍利弗：「我今為此受持觀世音菩薩名號，消伏毒害無上章句，說偈讚嘆：

我勅提頭賴吒等，慈心擁護受持經，令聞大悲名號人，譬如天子法臣護。
我勅海龍伊羅鉢，慈心擁護受持經，如護眼目愛己子，晝夜六時不遠離。
我勅閻婆羅剎子，無數毒龍及龍女，慈心擁護持經者，如愛頂腦不敢觸。

我勅毘留勒迦王，慈心擁護持經者，如母愛子心無厭，晝夜擁護行住俱。
我勅難陀跋難陀，娑伽羅王優波陀，慈心擁護持經者，恭敬供養接足禮，
譬如諸天奉帝釋，亦如孝子敬父母，猶如貧人護財寶，如盲須眼及正導。
我勅一切諸鬼神，小龍毒蛇毒害獸，一切惡人惡口者，違逆此呪起不善，
現身白癩膿血流，後墮地獄長夜苦。是故應當慈心護，受持讀誦灌頂句，
地獄清淨如蓮華，餓鬼破碎無八難。後生佛前入三昧，畢定當得不退轉，
普施一切大安樂，教諸衆生修十地。我從過去無數佛，聞是消伏毒害呪，
消除三障無諸惡，五眼具足成菩提，永與三界作父母，施其安樂得止息。
若有聞我名號者，亦聞大悲觀世音，誦持此呪離諸惡，不墮地獄及畜生。
蓮華化生為父母，心淨柔軟無塵垢，必聞無上大慧明，心定如地不可動。
一切佛出世，　明照如日月，　身出大智光，　如燒紫金山。
三十二相中，　流出八十好，　譬如須彌山，　映顯于大海。
衆生聞名者，　永離三惡道，　得住無為處，　常樂大涅槃。

一切佛興世，　安樂衆生故，　異口各各身，　端坐金剛座。
口出五色光，　蓮華葉形舌，　讚歎大悲者，　調御師子法。
護世觀世音，　畢定消毒害，　淨於三毒根，　成佛道無疑。」

爾時，世尊說此偈已，為受持觀世音菩薩名者擁護此經故，說灌頂吉祥陀羅尼，而說呪曰：

多姪吔烏耽毘詈（名住山外鬼）兜毘詈（名住山窟鬼）耽堺（名爛目鬼）波羅耽堺（名食殘果鬼住一切果樹下食殘）捺吒修捺吒（名好偷鬼）枳跋吒（名殺魚鬼）牟那耶（名出家鬼）三摩耶（名三昧鬼）檀提（名捉杖鬼）膩羅枳尸（名好髮女鬼）婆羅鳩卑（名住破肌鬼）烏詈（名瓔鬼）欀瞿詈（名尾鬼）紗訶

佛告舍利弗：「如此灌頂陀羅尼章句畢定吉祥，若有得聞，受持讀誦，破惡業障，終不橫死。」

舍利弗白佛言：「世尊！如此神呪大吉祥句，普施一切，無所怖畏。世尊！往昔從何佛所，得聞此句？唯願世尊分別解說，使未來世普得聞知，獲大安樂，免離橫死，刀杖、毒藥、水火、盜賊所不能害。」

佛告舍利弗：「我從過去無量佛所得聞此句，受持讀誦，即得超越八千萬劫生死之罪。又念過去八千萬劫，有佛世尊名一切世間勝，十號具足。彼佛世尊為我演說如上章句，我即數息，使心不散，燿然音解，消伏結使，得無生法忍，住首楞嚴三昧。若善男子、善女人得聞此經，受持讀誦、書寫解說，即得超越無量無數阿僧祇劫生死之罪，消伏毒害，不與禍對。」

佛說是語時，五百長者子得無生法忍，無數人、天發阿耨多羅三藐三菩提心。舍利弗、阿難等白佛言：「世尊！此觀佛三昧海請觀世音菩薩消伏毒害陀羅尼呪所至到處，一切吉祥，如梵天王，衆所愛敬。」

佛告阿難：「如是！如是！如汝所說。若善男子、善女子得聞此經首題名字，常得見佛及諸菩薩，具足善根，生淨佛國。」

說此品時，八十億天子、天女及龍鬼神皆悉歡喜，發菩提心。舍利弗、阿難等，聞佛所說，禮佛而退。

請觀世音菩薩消伏毒害陀羅尼呪經

十一面神呪心經

十一面神呪心經

大唐三藏法師玄奘奉　詔譯

如是我聞：一時，薄伽梵住室羅筏竹笋道場，與大苾芻衆千二百五十人俱，菩薩摩訶薩無量無數，慈氏菩薩而為上首；復有無量苾芻、苾芻尼、鄔波索迦、鄔波斯迦，及諸天、龍、藥叉、犍達縛、阿素洛、揭路茶、緊捺洛、莫呼洛伽、鳩畔茶、畢舍遮、人非人等，大衆圍遶，供養恭敬，尊重讚歎而為說法。

爾時，觀自在菩薩摩訶薩與無量俱胝那庾多百千持呪神仙，前後圍遶來詣佛所。到已，頂禮世尊雙足，右遶三匝，退坐一面，白佛言：

「世尊！我有神呪心名十一面，具大威力，十一俱胝諸佛所說。我今說之，欲利益安樂一切有情，除一切病故，滅一切惡故，為止一切不吉祥故，為却一切惡夢想故，為遮一切非時死故，欲令諸惡心者得調淨故，有憂苦者得安樂故，有怨對者得和解故，魔鬼、障礙皆消滅故，心所願求皆稱遂故。世尊！我不見世間，若天、若魔、若梵、若沙門、若婆羅門等以此神呪防護其身，受持讀誦、書寫流布，而為一切災橫、魔障、刀杖、毒藥、厭禱、呪術所能害者。我亦不見以此神呪隨所住處，若遠、若近結作界已，有能越之來相嬈害，唯除決定惡業應熟。世尊！彼當證知是事必爾，唯應信受不應分別，如此則令一切災橫皆悉遠離，不得侵近。此神呪心一切諸佛同所稱讚，同所隨喜，一切如來憶持守護。

「世尊！我憶過去過殑伽沙等劫前，有佛出世，名百蓮花眼無障礙頂熾盛功德光王如來、應、正等覺。我於爾時作大仙人，從彼世尊受得此呪，得此呪時見十方佛，應時證得無生法忍，當知此呪具大威力。是故，若有淨信善男子、善女人等，欲受持讀誦此神呪者，應當恭敬至心繫念，每晨朝時，如法清淨念誦此呪一百八遍，若能如是，現身獲得十種勝利。何等為十？一者、身常無病，二者、恒為十方諸佛攝受，三者、財寶、衣食受用無盡，四者、能伏怨敵而無所畏，五者、令諸尊貴恭敬先言，六者、蠱毒、鬼魅不能中傷，七者、一切刀杖所不能害，八者、水不能溺，九者、火不能燒，十者、終不橫死。復得四種功德勝利：一者、臨命終時得見諸佛，二者、終不墮諸惡趣，三者、不因險厄而死，四者、得生極樂世界。

「世尊！我憶過去過十殑伽沙等劫，復過於此有佛出世，名美音香如來、應、正等覺。爾時，我身作大居士，於彼佛所受得此呪，得此呪時，便於生死超四萬劫。誦持此呪，復得諸佛大悲智藏一切菩薩解脫法門；由此威力，能救一切牢獄繫閉、杻械枷鎖、臨當刑戮、水火風賊、蠱毒厭禱、人非人等種種苦難。由此我於一切有情，能作歸依、救護安慰、洲渚室宅。以此呪力，攝取一切勃惡藥叉、邏刹娑等，先令發起慈心愍心，然後安立於阿耨多羅三藐三菩提。

「世尊！我此神呪有大威力，若誦一遍，即能除滅四根本罪及五無間，令無有餘，況能如說而修行者！若有曾於百千俱胝那庾多佛所種諸善根，乃於今時得聞此呪，況能受持如說行者！若能晝夜讀誦、受持此神呪者，我當令彼所有願求悉得如意。若有能於半月半月，或第十四日或第十五日，受持齋戒如法清淨，繫心於我誦此神呪，便於生死超四萬劫。

「世尊！我由此呪，名號尊貴，難可得聞，若有稱念百千俱胝那庾多諸佛名號，復有暫時於我名號至心稱念，彼二功德平等平等。諸有稱念我名號者，一切皆得不退轉地，離一切病，脫一切障、一切怖畏，及能滅除身語意惡，況能於我所說神呪，受持讀誦如說修行！當知是人於無上菩提則為領受，如在掌中。」

爾時，世尊讚觀自在菩薩言：「善哉！善哉！善男子！汝乃能於一切有情發起如是大慈悲意，而欲開示此大神呪。善男子！汝由此方便，能救脫一切有情所有病苦、障難、怖畏、身語意惡，乃至安立一切有情於阿耨多羅三藐三菩提。善男子！我亦隨喜受汝神呪，汝當說之。」

時，觀自在菩薩摩訶薩既從座起，偏袒一肩，右膝著地而白佛言：「誦此呪者應作是說：

敬禮三寶，敬禮聖智海遍照莊嚴王如來，敬禮一切如來、應、正等覺，敬禮聖觀自在菩薩摩訶薩大悲者。

怛姪他闍一　達囉　達囉二　地㘈地㘈三　杜嚕杜嚕四　壹⿰酉來(去聲呼下同)伐⿰酉來五　折隸折隸六　鉢囉　折隸　鉢囉　折隸七　俱素謎八　俱蘇摩伐隸九　壹履弭履十　止履止徵(知里反)十一　社(時賀反)摩波隸耶(夷何反)十二　戌(輸律*反)陀薩埵十三　莫訶迦嚧尼(上聲呼)迦十四　莎(去聲呼下皆同)訶十五

「世尊！此是根本神呪，若有念誦，獲如上說功德勝利。

敬禮三寶，敬禮聖智海遍照莊嚴王如來，敬禮一切如來、應、正等覺，敬禮聖觀自在菩薩摩訶薩大悲者。

怛姪他呵呵呵呵一　壹隸弭隸二　止隸婢隸三　棄(上聲呼)隸呬(上聲呼下皆同)隸四　莎訶五

「世尊！此是呪水及衣呪。若欲入道場，先當洗浴，後以此呪呪水七遍，灑身結淨；復以此呪呪衣七遍，然後取著。

敬禮三寶，敬禮聖智海遍照莊嚴王如來，敬禮一切如來、應、正等覺，敬禮聖觀自在菩薩摩訶薩大悲者。

怛姪他拄(吒古反)嚕拄嚕一　呵呵呵呵二　莎訶三

「世尊！此是呪香、燈呪。若入道場，欲燒香供養時，先以此呪呪香七遍，然後燒之；欲然燈時，先以此呪呪油七遍，後以然燈。

敬禮三寶，敬禮聖智海遍照莊嚴王如來，敬禮一切如來、應、正等覺，敬禮聖觀自在菩薩摩訶薩大悲者。

怛姪他　死履死履一　地履地履二　死[口+履]地[口+履]三　莎訶四

「世尊！此是呪華、香、鬘呪。若入道場，欲以花、香、鬘供養時，先以此呪呪花七遍，用散尊像；復以此呪呪香七遍，以塗尊像；復以此呪呪鬘七遍，以嚴尊像。

敬禮三寶，敬禮聖智海遍照莊嚴王如來，敬禮一切如來、應、正等覺，敬禮聖觀自在菩薩摩訶薩大悲者。

怛姪他　娑睇娑睇一　死地死地二　素上聲呼下同杜素杜三　莎訶四

「世尊！此是呪獻佛供呪。若欲以飲食、花、果等供養佛時，先誦此呪呪之二十一遍，然後獻奉。

敬禮三寶，敬禮聖智海遍照莊嚴王如來，敬禮一切如來、應、正等覺，敬禮聖觀自在菩薩摩訶薩大悲者。

怛姪他　末死達死一　折嚗折嚗二　虎嚕虎嚕三　主嚕主嚕四　素上聲呼下同嚕素嚕五　母嚕母嚕六　莎訶七

「世尊！此是呪薪呪。若欲以上根本神呪隨事有所作時，先以此呪呪闍底花一遍，擬用然火，復別取闍底花木寸截以為三十一段，用酪酥蜜漬之經宿，每取一段呪之一遍，即擲火中乃至皆盡，然後隨事作所應作。

敬禮三寶，敬禮聖智海遍照莊嚴王如來，敬禮一切如來、應、正等覺，敬禮聖觀自在菩薩摩訶薩大悲者。

怛姪他　壹履弭履一　比履底丁里反下同履二　止履呬履三　莎訶四

「世尊！此是結界呪。欲結界時，先以此呪呪水七遍，散灑四方；或呪芥子或呪淨灰，皆至七遍，散四方面，隨心遠近，即成界畔，而為防護。

敬禮三寶，敬禮聖智海遍照莊嚴王如來，敬禮一切如來、應、正等覺，敬禮聖觀自在菩薩摩訶薩大悲者。

怛姪他　比柢比柢一　底柢底柢二　止柢止柢三　費房匪反下同⊙柢費柢四　揭車揭車五　薄迦梵六　阿唎耶婆肥何反盧枳低濕伐囉七　颯縛婆縛去聲呼南八　莎訶九

「世尊！此是請我還自宮呪。若所作事竟，請我還自宮時，應以此呪呪水七遍，散灑四方，我便還去。

「世尊！如是神呪雖不成立，而亦能作種種事業，至心念誦無不獲願。若患瘧病，或一日一發，或二日一發，或三日一發，或四日一發；若患鬼病，或部多鬼所作，或荼者上聲呼尼所作，或畢舍遮所作，或羯吒平聲呼布怛那所作，或癲鬼所作，或癇鬼所作，或餘種種惡鬼所作；皆以此呪呪彼患者，一百八遍即得除愈。若障重者，用五色縷誦呪作結，一遍一結，凡一百八結，以繫病人頸上或繫臂上，罪障消滅，病即除愈。若患丁腫、癰腫、瘻瘡、疱瘡、疽瘍、癬等種種惡病，若被刀箭、牟矟等傷，蛇、蠍、蜈蚣、毒蜂等螫，皆以此呪呪之七遍，即得除愈。若障重者，呪黃土埿至一七遍，用塗病處，所苦得除愈。若患緩風、偏風、*癈風、耳聾、鼻塞、癥風等病，皆應至心念誦此呪，呪彼患者一百八遍，病即除愈。若障重者，以油或酥煎樺皮及青木香，每呪七遍即用塗身，或滴耳鼻，或令服之，所患便愈。若有所餘種種疾病，皆應至心以此◎呪之，或自念誦，即得除差。

「世尊！若欲成立此神呪者，應當先以堅好無隙白栴檀香刻作觀自在菩薩像，長一搩手半，左手執紅蓮花、軍持，展右臂以掛數珠及作施無畏手。其像作十一面，當前三面作慈悲相，左邊三面作瞋怒相，右邊三面作白牙上出相，當後一面作暴惡大笑相，頂上一面作佛面像，諸頭冠中皆作佛身。其觀自在菩薩身上，具瓔珞等種種莊嚴。

「造此像已，欲求願者，著新淨衣，受持齋戒，從白月一日至第八日，每日三時念誦此*呪一百八遍或無量遍。從此以後於一靜處敷清淨座，安置所造觀自在菩薩像面向西方，隨力所辦獻諸飲食，唯燒沈水及蘇合香，行者當食大麥乳食。如前念誦至第十三日，從此以後所設供具須倍勝前，行者唯應食三白食，調乳、酪、飯。取菩提樹木像前然火，復取彼木寸截以為一千八段，用覩嚕色迦香油漬之，每取一段誦呪一遍，擲置火中乃至皆盡。爾時，大地岌然搖震，由此像身亦即運動，從最上面口中出聲，讚行者言：『善哉！善哉！善男子！汝能如是懃苦求願，我當令汝所願滿足，令汝於此騰空而去，或復令汝所遊無礙，或作持呪仙人中王，或使如我自在無障。』

「復次，行者或於白月第十五日，以十一面觀自在菩薩像置有佛馱都制多中，著新淨衣，受持齋戒，經一日一夜不飲不食，取蘇末那花一千八枚，每取一花呪之一遍，擲置像上，乃至皆盡。爾時，其像當前一面口中出聲，猶如雷吼，由此便令大地震動。行者爾時應自安心，勿生恐怖，但念神呪，乞所期願，作如是言：『敬禮聖觀自在菩薩摩訶薩大悲者，我於何時能與一切有情作大依怙，能滿一切有情心之所願。』時觀自在便與其願。當與願時，諸天、龍等無有能與作障礙者。

「復次，行者於月蝕時，取穌一兩銀器盛之，置此像前念誦此呪，乃至是月還生如故，便取食之，身中諸病無不除愈。

「復次，行者應等分取雄黃、牛黃，置此像前，念誦此呪一千八遍，以水和之點置眉間，三事成就如前所說。若和暖水洗浴其身，則一切障礙、一切惡夢、一切疫病皆得除愈。

「復次，若他方怨賊欲來侵境，應取燕脂一顆，誦此呪呪之一百八遍，莊點此像，左邊瞋面正向彼方，令怨賊軍不得前進。

「復次，若國土中人畜疫起，於此像前然佉婆木火。復別取彼木，寸截以為一千八段，每取一段塗芥子油，呪之一遍，擲置火中乃至皆盡。復取緋縷作七呪結，一呪一結，繫置最上佛面頂上，能令疫病一切消除，疾疫除已解去呪索。

「復次，若有卒為荼耆呼上聲尼部多鬼等魅著成病，應取白縷作二十一呪結，一呪一結，繫著當前慈悲面頂上。經一宿已，解取以繫病人頸上，病即除愈。若業障重不除愈者，應取此索更呪一百八遍，繫前所繫像頂上。經一宿已，解取以繫病人頸上，必得除愈。

「復次，若有長病困苦不差，或惡神鬼來入宅中，應取薰陸香一百八顆，在此像前顆呪一遍，擲置火中，乃至皆盡。復取白縷作二十一呪結，一呪一結，繫置當前慈悲面頂上。經一宿已，解取以繫病者頸上，所患除愈，惡鬼退散。

「復次，若為怨讎伺求其便，鬪諍、厭禱欲作衰害，應以種種香、花等物供養此像，以婆鑠迦木像前然火，取芸薹子一百八顆，各呪一遍，擲置火中。復取白縷結作一百八結，一呪一結，繫著此像左邊瞋面頂上。經一宿已解取此索，稱怨讎名，截一一結，各令異處，一稱一截，乃至都盡，*令彼怨讎所作不遂，自然歸伏。

「復次，若人欲求諸善好事，取五色縷結作呪索一百八結，一呪一結，復於像前呪之七遍，繫置當前慈悲面頂上。經一宿已，解取繫自身上，所求如意。

「復次，若知身中有諸障難，所求善事多不如心，衰禍時時無因而至，應以香水浴此像身；復取此水呪之一百八遍，以浴毘那藥迦像身；復取呪之一百八遍，自灑其身，一切障難自然消滅，諸有所求無不如意。」

爾時，觀自在菩薩摩訶薩說此經已，一切大眾同時讚言：「善哉！善哉！大士！乃能為欲利益安樂諸有情故，說此神呪。我等隨喜，亦願受持。」

爾時，大衆歡喜踊躍，遶佛三匝，作禮而去。

十一面神呪心經

佛說觀自在菩薩如意心陀羅尼呪經

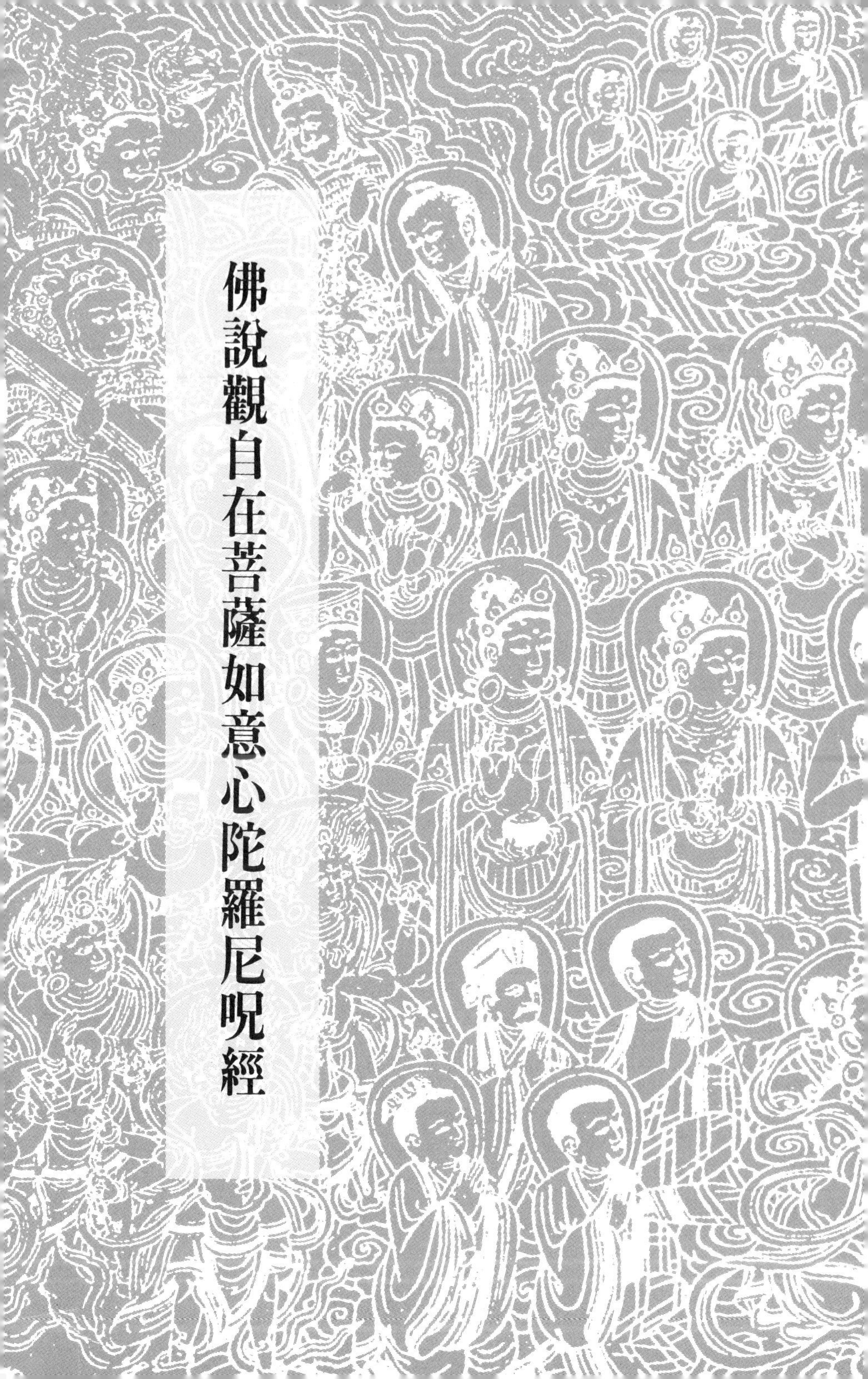

佛說觀自在菩薩如意心陀羅尼呪經

唐三藏法師義淨奉　制譯

如是我聞：一時，薄伽梵在伽栗斯山，與大菩薩無量衆俱。

爾時，觀自在菩薩摩訶薩來詣佛所，頂禮雙足，右繞三匝，以膝著地，合掌恭敬白佛言：「世尊！我今有大陀羅尼明呪、大壇場法，名青蓮華頂栴檀摩尼心金剛祕密常加護持，所謂無障礙觀自在蓮華如意寶輪王陀羅尼心呪，第一希有，能於一切所求之事隨心饒益，皆得成就。世尊大慈！聽我說者，我當承佛威力，施與一切衆生。世尊！此陀羅尼有大神力、大方便門。我今親對佛前次第宣說，惟願世尊垂哀加護於我及一切持明呪者，雨妙珍寶，猶如意樹◎生如意寶珠，於諸衆生，令其所有悕求，應時果遂。」

爾時，世尊讚觀自在菩薩言：「如是！如是！汝能悲愍諸有情類。我加護汝，即對我前，令汝願求一切滿足。汝欲宣說無障礙觀自在蓮華如意寶輪王陀羅尼者，最極甚深隱密心呪，隨汝意說。」

時，觀自在菩薩既蒙佛許，悲願盈懷，即於佛前以大悲心而說呪曰：

南謨佛馱耶　南謨達摩耶　南謨僧伽耶　南謨觀自在菩薩摩訶薩　具大悲心者　怛姪他　唵斫羯羅伐底　震多末尼謨訶　鉢蹬謎　嚕嚕嚕嚕　底瑟他　篅（入聲）攞痾羯利沙也　吽發莎訶

次說大心呪：

菴鉢踏摩　震多末尼　篅（同前）攞吽

次說隨心呪：

菴跋剌陀　鉢亶謎吽

爾時，觀自在菩薩摩訶薩說是大輪陀羅尼呪王已，即時大地六種震動。諸有天宮、龍宮及藥叉宮，健達婆、阿蘇羅、緊奈羅等宮殿，亦皆旋轉。迷惑所依一切惡魔為障礙者，見自宮殿皆悉焰起，無不驚怖。惡心衆生、惡龍、惡鬼、藥叉、羅刹皆悉顛墜。於地獄中受苦衆生，皆悉離苦，得生天上。于時會中，於世尊前天雨寶華、寶莊嚴具，於虛空中奏天伎樂，出種種聲，廣陳供養。

爾時，世尊以美妙音，讚觀自在菩薩摩訶薩言：「善哉！善哉！觀自在！汝所宣說是大呪王實難逢遇，能令衆生求願滿足，獲大果報。若誦此呪所有法式，我今當說。

「若有善男子、善女人、苾芻、苾芻尼、鄔波索迦、鄔波斯迦，發心悕求此生現報者，應當一心受持此呪。欲受持時，不問日月、星辰、吉凶，并別修齋戒，亦不假洗浴及以淨衣，但止攝心，口誦不懈，百千種事所願皆成，更無明呪能得與此如意呪王勢力齊者。是故先當除諸罪障，次能成就一切事業，亦能銷除受無間獄五逆重罪，亦能殄滅一切病苦皆得除差，一切重業悉能破壞。諸有熱病或晝或夜，或一日瘧乃至四日瘧，風黃、痰癊、三*焦、嬰纏如是病等，誦呪便差。

「若有他人厭魅、蠱毒，悉皆銷滅無復遺餘。假使一切癰瘻、惡瘡、疥癩、疽癬周遍其身，并及眼、耳、鼻、舌、唇、口、牙齒、咽喉、頂腦、胸、脇、心、腹、腰、背、脚、手、頭、面等痛，支節煩疼，半身不隨，腹脹塊滿，飲食不銷，從頭至足但是疾苦，無不痊除。

「若有藥叉、羅刹、毘那夜迦、惡魔、鬼神諸行惡者，皆不得便。亦無刀杖、兵箭、水火、惡毒、惡風、雨雹、怨賊、劫盜能及其身，亦無王賊，無有橫死來相侵害。諸惡夢想，蚖蛇、蝮蠍、守宮、百足及以蜘蛛，諸惡毒獸虎、狼、師子悉不能害。兵戈戰陣，皆得勝利；若有諍訟，亦得和解。若誦一遍，如上諸事悉皆遂意。

「若日日誦一百八遍，即見觀自在菩薩告言：『善男子！汝等勿怖，欲求何願？一切施汝。』阿彌陀佛自現其身，亦見極樂世界種種莊嚴，如經廣說，并見極樂世界諸菩薩衆。亦見十方一切諸佛，亦見觀自在菩薩所居之處補怛羅山。即得自身清淨，常為諸王、公卿、宰輔恭敬供養，衆人愛敬。所生之處不入母胎，蓮華化生，諸相具足；在所生處，常得宿命。始從今日乃至成佛，不墮惡道，常生佛前。」

爾時，觀自在菩薩白佛言：「世尊！此栴檀心輪陀羅尼如我所說，若苾芻、苾芻尼、鄔波索迦、鄔波斯迦，若有至誠心所憶念、能受持者，必得成就。惟須深信，不得生疑更有藥法在本藏中此隱不出。」

爾時，世尊讚觀自在菩薩⊙言：「善哉！善哉！汝大慈無量，乃能說此微妙如意心輪陀羅尼法。於贍部洲有諸眾生，發心口誦，即得親驗。汝依我教，於諸有情數數勤加策勵示誨，令得證驗為現其身。莫違我勅，我當隨喜。」

時，觀自在菩薩白佛言：「世尊！我於無量劫來，以慈悲心於受苦眾生常作擁護，惟願證知。為眾生故，說此如意輪陀羅尼，若有受持常自作業專心誦者，所願成辦。我今承佛威力，如是救苦。」

爾時，觀自在菩薩說此如意輪羅尼經已，一切大眾皆悉歡喜，信受奉行。

佛說觀自在菩薩如意心陀羅尼呪經

觀自在菩薩大悲智印周遍
法界利益眾生薰真如法

觀自在菩薩大悲智印周遍法界利益眾生薰真如法一卷

大唐特進試鴻臚卿加開府儀同三司封肅國公贈司空謚大辨正大廣智不空三藏和尚譯

我蒙毘盧遮那聖旨，而說觀自在摩訶(大)枳孃曩(智)母怛羅(印)法。若有修瑜伽人，欲生西方極樂世界利益眾生者，即從阿闍梨耶有智熟者，而受蓮華金剛法儀。廣陳供養，作念誦法，於其壇中安置香爐，其香爐含攝觀自在周遍法界之相。以何為相?即其香印，應作紇哩(二合)文，智業不可得，理攝四種義，𑖮 𑖨 𑖂 𑖀𑖾 合成一字，其梵文 是也。賀字諸法因不可得，羅字清淨無垢染，伊字自在不可得，惡字本不生不滅，是為順義。本不生不滅，自在不可得，清淨無垢染，諸法因不可得，是為逆義。逆順相應，顯香印文，我作其圖：

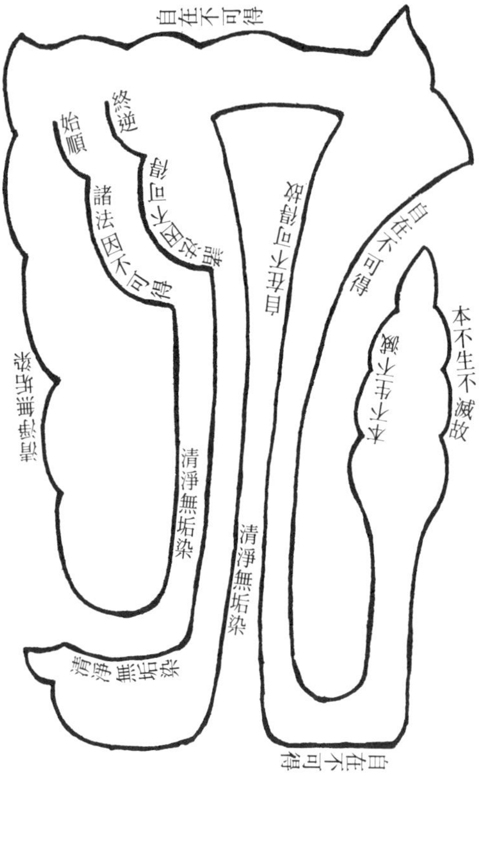

是妙香印，名大悲拔苦。所以者何？依燒之次第，而顯真實理。若燒盡時，表若順若逆遂歸空法也。*應當觀察，從紇哩（合二）一字，出生唵、嚩、日羅（合二）、達、磨等五字。一一字中出生無量字門，一一字門化作一切佛、菩薩身，一一化身周遍法界，利益眾生。是故行者得無量福，悉地圓滿，蒙諸佛加被。是故行者獲現世安穩，無諸障礙，如妙蓮華，見者愛惜；轉⊙此身☆已，得生極樂上品蓮中。其有利根智慧方便，現身見佛，得陀羅尼名，不染世也。所生之處，身出妙香遍十方國，眾生得薰，皆證不退，如是功德不可具說。

其香爐蓋上，可雕嚩、日羅（合二）、達、磨字，首加唵字以為五字（可順旋）。其蓋中央應立三昧耶形，一鈷杵上安開八葉蓮華是也。如上五字，圍繞此三昧耶。三昧耶者，是本誓之形也。若見此形，作禮專念，即證蓮華性。所以生極樂者，更不染世，設交世間度眾生，如蓮華不為諸垢所染也。皆由過去本誓願力故，證此果界也。

是故行者立此三昧耶形，應專念之而作是想：是文之香煙成此三昧耶形

，此形更為本尊形體，表因時本誓，遂為果時形色，是三昧耶義也。燒香之時，結本尊契，誦是本真言印之，即得成就。其蓋圖如斯：

圖

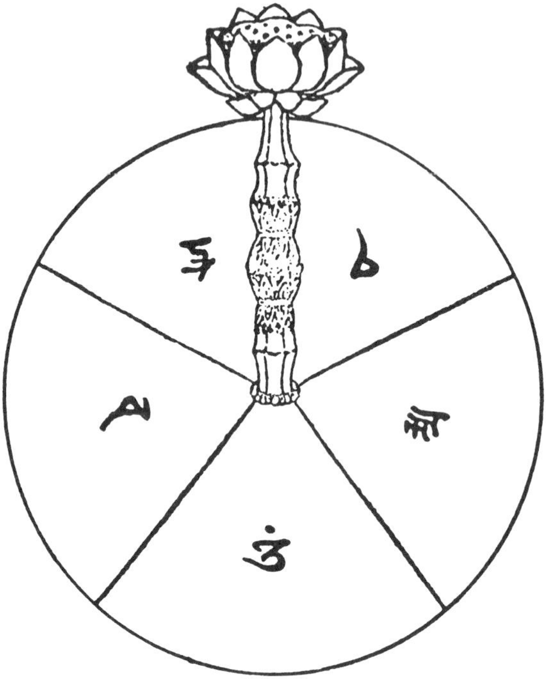

如上香印略說

得入此輪，至無上菩提。若欲不間常誦真言，然而未離攀緣擬懈怠者，但依是妙印，應燒栴檀、蓮等香，如是每日作燒香法者，即成常業誦持金剛法明。何以故？如上真言字義，皆於此印香能顯示故。

根本印：二手金剛縛，二頭指頭合如蓮華葉，二大指並立即成。真言曰：

若人持此一字真言，能除一切災禍疾病，命終之後，當得極樂上品之生，餘諸所求，世間、出世大願隨持得成，何況依此教法而修行者，一切悉地不久圓滿也！

觀自在菩薩薰真如香印法說已竟。

觀自在妙香印法一卷

享保龍集乙卯仲夏之穀，以淨嚴和尚之點本，將讐校之壽梓，而以香煙輝真如雲覆剎塵。

大和長谷妙音院輪下沙門無等誌

大寶伏藏【灌頂法像全集】
藏傳佛教，一切伏藏法寶大全集，諸大法王、仁波切灌頂秘寶！

全佛文化圖書出版目錄

佛教小百科系列

□ 佛菩薩的圖像解説1-總論•佛部	320	□ 佛教的塔婆	290
□ 佛菩薩的圖像解説2-菩薩部•觀音部•明王部	280	□ 中國的佛塔-上	240
		□ 中國的佛塔-下	240
□ 密教曼荼羅圖典1-總論•別尊•西藏	240	□ 西藏著名的寺院與佛塔	330
		□ 佛教的動物-上	220
□ 密教曼荼羅圖典2-胎藏界上	300	□ 佛教的動物-下	220
□ 密教曼荼羅圖典2-胎藏界中	350	□ 佛教的植物-上	220
□ 密教曼荼羅圖典2-胎藏界下	420	□ 佛教的植物-下	220
□ 密教曼荼羅圖典3-金剛界上	260	□ 佛教的蓮花	260
□ 密教曼荼羅圖典3-金剛界下	260	□ 佛教的香與香器	280
□ 佛教的真言咒語	330	□ 佛教的神通	290
□ 天龍八部	350	□ 神通的原理與修持	280
□ 觀音寶典	320	□ 神通感應錄	250
□ 財寶本尊與財神	350	□ 佛教的念珠	220
□ 消災增福本尊	320	□ 佛教的宗派	295
□ 長壽延命本尊	280	□ 佛教的重要經典	290
□ 智慧才辯本尊	290	□ 佛教的重要名詞解説	380
□ 令具威德懷愛本尊	280	□ 佛教的節慶	260
□ 佛教的手印	290	□ 佛教的護法神	320
□ 密教的修法手印-上	350	□ 佛教的宇宙觀	260
□ 密教的修法手印-下	390	□ 佛教的精靈鬼怪	280
□ 簡易學梵字(基礎篇)-附CD	250	□ 密宗重要名詞解説	290
□ 簡易學梵字(進階篇)-附CD	300	□ 禪宗的重要名詞解説-上	360
□ 佛教的法器	290	□ 禪宗的重要名詞解説-下	290
□ 佛教的持物	330	□ 佛教的聖地-印度篇	200

佛菩薩經典系列

□ 阿彌陀佛經典	350	□ 地藏菩薩經典	260
□ 藥師佛•阿閦佛經典	220	□ 彌勒菩薩•常啼菩薩經典	250
□ 普賢菩薩經典	180	□ 維摩詰菩薩經典	250
□ 文殊菩薩經典	260	□ 虛空藏菩薩經典	350
□ 觀音菩薩經典	220	□ 無盡意菩薩•無所有菩薩經典	260

佛法常行經典系列

□ 妙法蓮華經	260	□ 大乘本生心地觀經•勝鬘經•如來藏經	200
□ 悲華經	260		

大中觀系列

- □ 四重緣起深般若-增訂版 420
- □ 心經內義與究竟義-印度四大論師釋《心經》 350
- □ 聖入無分別總持經對堪及研究 390
- □ 《入楞伽經》梵本新譯 320
- □ 《寶性論》梵本新譯 320
- □ 如來藏論集 330
- □ 如來藏二諦見 360
- □ 《聖妙吉祥真實名經》梵本校譯 390
- □ 《聖妙吉祥真實名經》釋論三種 390
- □ 《辨中邊論釋》校疏 400

甯瑪派叢書-見部系列

- □ 九乘次第論集-佛家各部見修差別 380
- □ 甯瑪派四部宗義釋 480
- □ 辨法法性論及釋論兩種 480
- □ 決定寶燈 480
- □ 無修佛道-現證自性大圓滿本來面目教授 360
- □ 幻化網秘密藏續釋-光明藏 560
- □ 善説顯現喜宴-甯瑪派大圓滿教法 650

甯瑪派叢書-修部系列

- □ 大圓滿心性休息導引 395
- □ 大圓滿前行及讚頌 380
- □ 幻化網秘密藏續 480
- □ 六中有自解脱導引 520

離言叢書系列

- □ 解深密經密意 390
- □ 如來藏經密意 300
- □ 文殊師利二經密意 420
- □ 無邊莊嚴會密意 190
- □ 勝鬘師子吼經密意 340
- □ 龍樹二論密意 260

蓮花生大士全傳系列

- □ 蓮花王 320
- □ 師子吼聲 320
- □ 桑耶大師 320
- □ 廣大圓滿 320
- □ 無死虹身 320
- □ 蓮花生大士祈請文集 280

密乘寶海系列

- □ 現觀中脈實相成就-開啟中脈實修秘法 290
- □ 智慧成就拙火瑜伽 330
- □ 蓮師大圓滿教授講記-藏密寧瑪派最高解脱法門 220
- □ 密宗修行要旨-總攝密法的根本要義 430
- □ 密宗成佛心要-今生即身成佛的必備書 240
- □ 無死-超越生與死的無死瑜伽 200

佛菩薩經典系列5

《觀音菩薩經典》

主　　編　全佛編輯部
出　　版　全佛文化事業有限公司
永久信箱：台北郵政26-341號信箱
訂購專線：(02)2913-2199
傳真專線：(02)2913-3693
發行專線：(02)2219-0898
匯款帳號：3199717004240 合作金庫銀行大坪林分行
戶　　名：全佛文化事業有限公司
E-mail：buddhall@ms7.hinet.net
http://www.buddhall.com
門　　市　新北市新店區民權路95號4樓之1（江陵金融大樓）
門市專線：(02)2219-8189
行銷代理　紅螞蟻圖書有限公司
台北市內湖區舊宗路二段121巷19號（紅螞蟻資訊大樓）
電話：(02)2795-3656
傳真：(02)2795-4100
初　　版　一九九五年十二月
初版四刷　二〇一五年二月
定　　價　新台幣二二〇元
ＩＳＢＮ　978-957-9462-17-4（平裝）

Buddhall

Published by BuddhAll Cultural Enterprise Co.,Ltd.

國家圖書館出版品預行編目資料

觀音菩薩經典/ 全佛編輯部主編－初版.
-- 臺北市：全佛文化, 1995[民84]
面；　公分. －(佛菩薩經典系列；5)

ISBN 978-957-9462-17-4(平裝)

1.秘密部
221.99　　　　84012602